心意门搏击精粹

闫无为 编著

人民体育出版社

图书在版编目（CIP）数据

心意门搏击精粹 / 闫无为编著. —北京：人民体育出版社，2019
ISBN 978-7-5009-5581-8

Ⅰ.①心… Ⅱ.①闫… Ⅲ.①心意六合拳-基本知识 Ⅳ.①G852.14

中国版本图书馆 CIP 数据核字（2019）第 101908 号

*

人民体育出版社出版发行
中国铁道出版社印刷厂印刷
新 华 书 店 经 销

*

880×1230   32 开本   11 印张   282 千字
2020 年 1 月第 1 版   2020 年 1 月第 1 次印刷

*

ISBN 978-7-5009-5581-8
定价：47.00 元

社址：北京市东城区体育馆路 8 号（天坛公园东门）
电话：67151482（发行部）　　邮编：100061
传真：67151483　　　　　　　邮购：67118491
网址：www.sportspublish.cn

（购买本社图书，如遇有缺损页可与邮购部联系）

开场篇

中外搏击之术,有论曰"起于战争",有论曰"起于人与兽搏"。不论起于何处,如若两兵相对,性命搏杀,古今皆以器械为主旨。除非手里没有兵器,在古今的战争冲突中,大多都是借助于器械。武艺之道,自古都是兵器强于拳脚。当拳脚已成为商业娱乐性质的擂台竞技、体育健身、套路表演时,空手派的搏击武艺才逐渐流行于世。现实生活中的各类冲突,也经常会演变升级到激烈的械斗。坏人作案,手里大多拿有凶器。

"武"字是由"戈""止"两部分组成。楚庄王曰:"夫武,定功戢兵。故止戈为武。"造字之初,"止"的本义不是"阻止、停止"的意思。甲骨文中的"武"字是"上戈下止"。"止"就是脚(止)。《汉书·刑法志》:"斩左止。"就是将一犯人的左脚砍掉。下边画一只脚(止),上边画一支戈(兵器),就代表一人手持戈而行进。戈是古代的战争兵器,持戈而行就是持兵器、武器战斗的意思。这是对"武"之本意的解释。

在动物世界中,一些灵长类动物如黑猩猩和某些猴类,它们不仅能利用木棍、石头作为猎取食物的工具,有时也会挥舞木棍、投掷石块来攻击其他动物。人类没有尖牙利爪,却可以在动物世界中称老大,一个非常重要的原因就是人类非常善于利用工具来进行生产劳动，并且还很善于发明一些非常复杂的工具进行生产。这些都令其他动物望尘莫及，也是体现人类智慧与文明的一项重要指标。不然，人类所谓的强壮，在大多数猛兽的眼里，也只是一顿驱赶饥饿的餐品。

远溯至青铜器时代的军事战争，其主要作战方式是以车战为主。四马一车，车上有三位甲士，左甲士为一车之首，称为"车左"，持弓主射。右甲士称"车右"，执长矛、弋、殳作战。御手居中，主车辆驾驶。这些都需要较高的技术含量，孔夫子当年开办中国第一所民办学校时教授的"六艺"中就有这些内容。孔子的父亲是当时有名的勇士，各地孔夫子的塑像，也是腰中悬剑，所谓"文武之道，一张一弛"。其大弟子子路也是一位文武兼备、非常勇猛的帅才，战死时犹能从容地将冠扶正，以此来看，古代真正的儒者也并不是一副羸弱的模样。并且，子路的射箭技术高超。在冷兵器时代，射箭技术是最重要的军事技能，一直到清末，火器渐渐兴盛以后，才逐渐失去其军事价值。枪为诸器之王，棍为艺中魁首。拳术在古代并不是什么重要的科目、真正在古战场上起作用的实用武器就是弓弩和刀枪剑棍，拳术几乎是毫无地位可言的。

古人习武的目的不是娱乐，也不是健身。基本可分为军用（集体作战）和民用（个人防身），虽然有偏重，但都可以相互转换。无论是军用还是民用，器械都是最重要的。唐代诗人李白曾拜当时的第一剑客裴旻将军学剑，还曾到过山东访道、学习剑法。他在《五月东鲁行答汶上翁》一诗中写道："顾余不及仕，学剑来山东。"李白还有实战的经历。魏颢在《李翰林集序》中说，李白眼光锐利、眼睛有神，"眸子炯然，哆如饿虎，或时束带，风流酝藉。曾受道箓于齐，有青绮冠帔一副。

少任侠，手刃数人。"以上古人的记载都以器械为主，没有听说过孔子、子路、李白等古人拳术水平如何。很多证据表明，拳术在古代并不是什么重要的科目，确实毫无地位可言。历代选拔武举等军事人才，器械是必考的项目，尤其是射箭技术。再往后发展，当有了武举考试制度以后，测试武艺的主要内容仍是器械的使用。唐代武举考试的主要内容有马射、步射、马枪、翘关（测试力量）、负重（主测力量和耐力）等。以后历代武举考试虽不完全一致，但马、步射等器械的使用和力量性的舞重刀、举石锁则一直作为重点考试项目。据说，白打（徒手搏击）只在明穆宗、神宗一段时期有过。在明朝时期，作为徒手搏击的技术，就连名闻天下的少林，其拳术在当时也是没有什么名气的。这足以说明，在以前，真正的搏击或者说真正的实战功夫，是器械的应用，而非拳脚的搏击。

在军队中，兵器几乎是唯一取胜的手段。拳术的真正兴盛及被广泛传播，也仅是在明清之后而已。在明代，少林派武功是以棍术而名扬天下的，而不是拳术。程宗猷（字冲斗）在《少林棍法阐宗》中谈道："或问曰：棍尚少林，今寺僧多攻拳，而不攻棍，何也？余曰：少林棍名夜叉，乃紧那罗王之圣传，至今称为无上菩提矣。而拳犹未盛行海内。今专攻于拳者，欲使与棍同登彼岸也。"这说明，在明朝末期，当时的少林拳远没有少林棍有名，拳脚也没有器械重要。明嘉靖四十年（1561年），俞大猷奉命南征，由山西云中途经河南，造访少林寺。寺僧自负其技，有一千多人参加棍术表演。俞大猷发现少林寺僧的棍术"已失古人真诀"，并明告众僧。众僧愿意接受指教，即"择其僧之年少有勇者二人，一名宗擎，一名普从"，跟随俞大猷到抗倭前线学习实战棍法，三年艺成，后回少林转授寺众，以永其传"。 临别时，俞大猷写《少林寺僧学成予剑法告归》赠送："神机阅武再相逢，临别叮咛意思浓。剑诀有经当熟玩，遇蛟龙处斩蛟龙。"十几年后，宗擎再次见到俞大猷，俞大猷为宗擎写诗："学成伏虎剑，洞悟降龙禅。杯渡游南粤，锡飞入北燕。能行深海底，更陟高山巅。莫讶物难舍，回头是岸边。"少林武僧们曾手持铁棍与倭人作战。据记载："棍长七尺，重三十斤，运转便捷如竹杖。"明代李绍文的《云间杂识》载："嘉靖癸丑，倭初至上海，屯下沙镇。僧兵百余人，其首号月空，次号自然，傍贼结营。一贼舞双刀而来，月空坐不动，将至，身忽跃起，从贼顶过，以铁棒击碎敌首，于是贼气沮。"明代张鼐的《吴淞甲乙倭变志》载："贼队有巨人穿红衣舞刀而来，领兵僧月空和尚遍视诸僧，皆失色。独一僧名智囊，神色不动，即遣拒之。兵始交，智囊僧提铁棍一筑跃过红衣倭左，随一棍落其一刀，贼复滚转，又跃过红衣倭右，又落其一刀，倭应手毙矣。"很多僧人为国家战死沙场。少林碑文载："嘉靖时……倭寇等倡乱，本寺武僧屡经调遣，奋勇杀贼，多著死功……"

根据出土的文物及众学者们的研究表明，远在几十万前的古人类时代，棍棒、木矛、石刀、石矛以及骨制兵器已被大量使用。三万多年以前，弓箭也已成为中国古人普遍使用的武器。虽然在传说中有一些善于搏斗的猛士出现过，有的还能断牛骨、毙猛虎，其威力巨大，也具有很强的实用性。但一直以来，这种徒手搏斗的技术最主要的作用，还是作为一种训练的手段，主要还是以表演和比赛的形式出现，或是以武舞来模拟真实的战斗，以显示其勇力。即使是被现代人认为武艺鼎盛时期的明代，徒手搏击也只是活动身手的一种训练方式。吴殳在其著作《手臂录》中说："若拳，则市井小民之事，无用于兵刑，止以供穷途之赤手。"戚继光在其著作《纪效新书》中，要求兵士们刻苦修炼的实用武艺，主要是一些兵器的应用技术。《纪效新书·拳经捷要篇》中说："此艺不甚预于兵，能有余力，则亦武门所当习，但众之不能强者，亦听其所便耳。于是以此为诸篇之末。"又说："拳法似无预于大战之技，然活动手足，惯勤四肢，此为初学入艺之门也。以备一家……"留传后世的一些武学典籍，也多为器械谱。南阳地区的老一辈心意拳师，几乎全部会练习器械。尤其是大枪术。据洛阳马宏宪老师说，他少年时代跟随第一位心意拳老师权天才先生学拳时，器械对打是经常练习的内容，且都是真杀实砍，慢一点就会被击中。东关的舞龙队外出表演时，也都是由权天才先生带领徒弟们手持桎枷来护场子的。权天才是马梅虎的徒弟，会气功，曾带领徒众手拿着冷兵器打跑过正规军，还曾用扁担夺过枪。在真实的情况下，徒手搏击、空手夺刀等技术，是武器不在手边时的无奈之举。如果自己没有分辨的能力，有些练功的方法还会对习练者产生副作用。所以，习武者千万不要逞能，更不要迷信某些广告上吹嘘的江湖"神功"。

很多武术家常常将拳术作为初门，有"拳成此艺（兵器技术）不难"之说。但是，对于一直致力于"空手派"武艺的习练者，这是不容易理解的，如不进行器械的实际操练，也只是一句空的概念，还是缺乏实际的体会。南阳系心意拳，基本上是拳枪同练，相互贯通，甚至各种器械皆有入枪法之意。南阳系心意拳以前有一说法："会拳不会枪，只会一半。" 就算到了今天，真正有用的实用功夫，仍然是器械的应用技术。从没学习过任何器械应用技术的拳术家不足以自保，对于致力于研究实用技能的人来说，不应该忽视器械技术的应用。不懂器械的使用，就不是真正的实用武艺。对实用武艺持以好奇或热情的武艺爱好者，不应舍弃对器械的研究。真正喜爱武艺的人、懂得武艺内涵的人，器械也将是练习真功夫的得力助手。

武林中有"拳为武艺之源"的说法，这在中国各家武术流派中，是普遍性的常识问题。绝大多数门派都是这样，先由拳术入门，后涉及器械。曾建功于东南抗倭战役中的著名将领戚继光，在其著作《纪效新书·拳经捷要篇》中指出："大抵拳棍刀枪钗钯剑戟弓矢钩镰挨牌之类，莫不先由拳法活动身手。其拳也，为武艺之源。"所以说，这是历代中国武林的共识。明代将领何良臣在《阵纪》中说："学艺先学拳，次学棍。拳棍法明，则刀枪诸技特易耳，所以，拳棍为诸艺之本源也。"南阳系心意拳入门的基本功，也可以说是最重要的功法为心意拳"六艺"，经过3个月的练习，就能成功练出整体劲力，之后才有资格学习四把捶、十大真形、十二大势、蝴蝶手等心意拳械，六艺的基础打好以后，其他的内容也就容易了。谱中说："以六艺做身法。"这是拳术的基础，也是重点。心意拳的六艺练法，可参考《心意六合拳十二大势发力与技击》一书。

俞大猷的《剑经》其实就是棍术。正如其所说的："若能棍，则各利器之法，从此得矣。"既然追求实用且易于上手，笔者将长、短棍技术与南阳系心意拳以上的多种器械融会贯通，以棍法来呈现各种兵器的击刺方法，由此，不但让大家明白"脱枪为捶"的概念，也了解了其他一些器械的使用原理。

全国习练心意拳的人数众多，很多流派中都含有"十大真形"，但很多人却不知道如何把器械运用到"十大真形"中。

本书在长棍、短棍、双棍中都有介绍。

在双棍技术中，笔者将南阳系心意短兵"双锏"法融入其中，并在十大真形中体现出与拳术的关系，通过对器械的锻炼，可以体会平时悟不出的拳理，能让大家对于实用性武艺有更深层次的理解。为了让大家对传统武艺有更加深入的了解，特意将一套传统棍法"五郎棍"介绍给大家。长棍实战技术中会涉及枪法。心意拳中原本没有短棍技术，笔者将心意南阳系的三十六鸾刀（拦刀）、心意六合双手剑（十大真形剑）之方法融入其中，以棍带刀、以棍当剑。

明代著名将领俞大猷曾著有《剑经》，其实是棍术的使用方法。为什么不叫"棍经"而称为剑经呢？后人也有过很多的猜测，各说其道理，学者们可自行找资料去研究。其实长棍、短棍都含有枪法、剑法的击刺动作，也可以融会贯通各种器械，如刀法，仅通过棍法就可以让大家了解到一些其他器械的使用原理。俞大猷在《剑经》中说："用棍，如读四书；钩、刀、枪、钯，如各习一经。四书既明，六经之理亦明矣。若能棍，则各利器之法，从此得矣。"学武致用在于变通，在知道了其中原理之后，随手拿个东西就可以做某一器械的演示及应用。修道、练功夫，主要是明白道理，依法修持，不一定非要打扮成古代人的样子，或穿上五颜六色、花里胡哨的练功服。出家人除了特殊的节日，平时的衣着也是以朴素为主。那些招摇过市，到处表演，好像唱戏似的各地赶场的所谓大师，多数很难有真正的修持。

论及兵器，棍刺击不如枪、剑，劈砍不如刀、斧，因此，在棍的基础上，才又逐渐发展出了各种的兵器。很多兵器，其实都是对棍的加强。我们所练习的大枪，平时基本不上枪头，称为杆子，长度3米左右，既可以增进功力，又可以练习技法。对练大枪也被称为对杆子或缠杆子、黏杆子。枪法、棍法实用价值高，毁坏性强，容易伤人。枪棍之术在多种情况下易于取得，又不属凶器，所以在现实生活中，既能娱乐健身又能有效阻止某些暴力侵害，具有一定的实用价值。

棍为艺中魁首。程冲斗说："凡武备众器，非无妙用，但身手足法，多不能外乎棍。"棍是人类早期应用的兵器之一，所有各种兵器及其用法，很多都是由棍发展而来，所以称棍为"百兵之祖"。菲律宾棍术，据说就是来源于刀剑搏击术。在西班牙统治菲律宾时期，严禁民众携带武器，菲律宾民众这才由早期刀剑术的习练，演变为以木棍代替刀剑，进行秘密的练习。

年纪大的老辈拳师，不喜欢教授那些爱慕虚荣、争强斗狠的年轻人，因为年轻人性急、好争斗，加上又练了几天的武功，很容易目空一切，总想找个机会实验一下效果。南阳的一位心意门老人说："真不敢随便教这些娃儿们（长辈对晚辈年轻人的称呼）。几天前刚教了一个娃儿，出去就把人家的腿戳断了。都是十里八村的乡亲，出去惹事生非，影响不好，坏名声。"这位心意拳老人对徒弟负责，不像有的武教师，让徒弟出去惹事、东斗西斗去打名声，弄得四面楚歌，扰乱社会。这也是造成心意门及一些其他门派保守的原因之一。民间习武人常讲，出手三分灾。因此，武艺有"三传三不传"之说。武艺技法历来文字极少，传承较为保守，以至于大多数人只能演练套路，而不明白其中的技击含义，于是，中华武艺逐渐沦为了花拳绣腿的舞蹈。后来才有了套路和技击之争论，并引申出中国武术到底是舞术还是武术、是健身（舞术）重要还是技击重要等话题，以及与现代搏击的种种对比。

拳谚云："能在一思进，莫在一思停（远）。"古传的拳谱，是前人技击经验的总结，有时会对习武人产生促进和提高，也便于记忆。但历来多是言传身授，文字记载极少，虽然不像影视中表现得那么夸张有效果，但历来被一些武术家看得很重要，守得很紧，轻易不会示人，很多好东西因此而失传。心意门不如现代搏击和其他门派思想开放，这有很多的原因，包括个人观念及性格，因此也造成传人极少、部分精湛技艺流失的遗憾。所谓"水有源，树有根"，作者把一部分枪、拳谱（很多人看重这些）介绍给读者，供各门派对古传武艺有兴趣、有基础的学者作为参考，有一定的历史文献价值。若只是私藏在少部分人手里，最后的结果是毫无价值地流失殆尽，没有任何意义。

在特别传授篇，会向大家讲授一些适用于现代生活的防暴技巧，包括技术性和战术性的。这将更具有现实意义，同时也可激发每一位武艺爱好者的想象力和创造力，使其更加贴近于生活。它区别于传统套路，一切直指实战，虽不致技臻上乘，也可在工作之余灵活手脚、充实精神。心意拳原本就是以简洁实用为主，讲究死学活用，整学乱用，而不是摆出某个门派的正宗姿势。要记住，门派是基础，而不是捆绑住你的绳索。

中国武术门派众多，方法不一。人的时间、精力是有限的。俗话说，勤能补拙；千招会不如一门精。"拳假功夫真"。所以要学会做减法，简单化。武艺之道在简不在于繁，有些一门深入、勤加练习的传人，虽然知道得不多，但功夫很好。其实每个门派都有其缺陷和不足，难以包罗万象，但可用精、勤来弥补技术的不足。尤其是实用性的功夫。庄子曰："吾生也有涯，而知也无涯。以有涯随无涯，殆已！"200多年前，文武双全、武医同修的李祯先生的再传弟子，南阳系心意门传人水应龙先生曾说过一句话："既从事斯，岂可甘任庸流，窃居虚名！"以此，与天下学者共勉之！

  本书在撰写过程中，得到了李伟凡、杨健君、董云翔等多位友人的大力支持和协助，在此表示诚挚的谢意。

丁亥年秋八月　闫无为记于北京

目 录

第一章　知识篇 ……………………………………（1）

　变化中的心意六合拳 ……………………………（1）
　十八般武艺 ………………………………………（8）
　枪棍辩 ……………………………………………（13）
　枪棍制式 …………………………………………（14）
　练功、实战要素 …………………………………（17）
　名棍源流 …………………………………………（20）

第二章　长棍训练篇 ………………………………（29）

　第一节　五郎棍演练 ……………………………（30）
　第二节　五郎棍单式发力及变化 ………………（46）
　第三节　长棍在十大真形中的体现 ……………（59）

第三章　短棍训练篇 ………………………………（73）

　第一节　单棍在十大真形中的体现 ……………（73）
　第二节　双棍在十大真形中的体现 ……………（90）

第四章　长棍搏击篇 ………………………………（107）

　第一节　长棍实战应用——对长兵 ……………（108）
　第二节　长棍实战应用——对短兵（棍）……（143）
　第三节　长棍实战应用——对软兵 ……………（152）
　第四节　五郎棍实战应用 ………………………（162）

        第五节　长棍在十大真形中的应用技巧 ……… （176）

第五章　短棍搏击篇 ……………………………… （190）

        第一节　短棍在十大真形中的应用技巧 …… （190）
        第二节　短棍实战应用——对短棍 ………… （205）
        第三节　短棍实战应用——对长刀 ………… （207）
        第四节　短棍实战应用——对短刀 ………… （214）
        第五节　短棍实战应用——破软兵 ………… （218）
        第六节　双棍实战应用——破枪 …………… （220）
        第七节　双棍实战应用技巧
                ——破短太刀 …………………… （224）

第六章　特别传授篇
        ——日常防暴技战术 ……………… （227）

    空手入白刃 ……………………………………… （227）
    日常防暴技术范例 ……………………………… （229）

第七章　心意六合拳体系介绍 ……………………… （265）

    洛阳心意六合拳 ………………………………… （265）
    南阳系心意六合拳 ……………………………… （266）
    南阳系心意拳分支介绍 ………………………… （268）
    心意六合拳与少林心意把 ……………………… （274）

第八章　心意六合枪诀拳谱 ………………………… （279）

    拳谱的价值 ……………………………………… （279）
    南阳系心意拳枪法简介 ………………………… （280）
    心意六合枪谱 …………………………………… （281）
    心意拳中六合枪诀 ……………………………… （282）

心意拳小六合枪歌诀 …………………………… (282)
心意拳小六合枪论 ……………………………… (282)
心意六合拳缠丝枪诀 …………………………… (283)
心意六合拳群枪（独行枪）歌诀 ……………… (283)
二龙戏珠枪歌诀 ………………………………… (284)
青龙出海枪歌诀 ………………………………… (284)
水氏枪歌诀 ……………………………………… (285)
沥泉枪歌诀 ……………………………………… (285)
心意六合拳岳飞后造十枪歌诀 ………………… (286)
姜氏大枪歌诀（大杆子） ……………………… (286)
六合群枪诀 ……………………………………… (286)
陈合龙心意十三枪诀 …………………………… (287)
张海洲系陈合龙传心意三十六鸾（拦）刀 …… (288)
九要论 …………………………………………… (289)
六合十要论序 …………………………………… (298)
六合十要论全文 ………………………………… (299)
岳派心意枪法 …………………………………… (303)
心意拳对打歌 …………………………………… (307)

第九章　心意门秘传功法集锦 ……………… (308)

原地虎抱头、虎豹头盘练法 …………………… (308)
三个虎扑 ………………………………………… (309)
丹田涌动盘练法 ………………………………… (312)
熊形练法与打法 ………………………………… (313)
蛇形 ……………………………………………… (314)
摸拉袖子手 ……………………………………… (315)
心意六合拳之捆柴把 …………………………… (316)
心意六合拳之撩袍把 …………………………… (316)

陈合龙心意六合拳之盘辫手 ………………………… (317)
陈合龙心意六合拳之鸡宿腿 ………………………… (317)
陈合龙心意老三拳口诀 ……………………………… (318)
马三元系心意六合拳之推头把 ……………………… (319)
吕弘扬阿訇心意六合拳功法介绍 …………………… (319)
心意四把捶简介 ……………………………………… (321)
心意四把捶歌诀赏析 ………………………………… (323)

结语：心为本 意为功 ……………………………… (327)

第一章　知识篇

变化中的心意六合拳

目前市面上的心意拳，大概可划分为两个大的体系：洛阳心意和南阳心意。不管是心意拳还是形意拳，都不出洛阳和南阳两家心意拳的系统。洛阳马学礼得到了一位隐士的传授，学到了心意拳，下传洛阳马兴、马三元、南阳张志诚阿訇三人。马学礼先生是心意拳历史上较早显露出武功和姓名的心意拳传人，除不知名的隐士之外，是使心意六合拳发扬光大、扬名武林的一代大宗师。

洛阳马学礼的心意拳几百年来一直是小范围传播，但并没有坊间所传的"传回不传汉"这种说法，马学礼无辜被人泼了一盆脏水。外人只是道听途说，而近些年来，心意拳的传人也在这么以讹传讹，这样乱说很不好，也极不负责任。因为在洛阳心意拳的传承中，以及外地各心意支系、重要的传人中，本就没有这种说法。

老一辈的心意拳老师，是很挑徒弟的。即使是收费教徒弟、以此为业的老师，也是首重品行，非是虚情假意、巧言令色、无德行者以小利可以谋取到的。学艺要以诚心求学，师徒无猜，这才可能得到老师的信任，以心传心。

洛阳心意拳自始至今都是在极小的圈子内传承，全面掌握并能练到家的明家（广告中名气大的名家不算），每代只有有限的几个人。说到难学，即使洛阳本地的穆斯林民众也不太容易接触到洛阳心意拳，甚至回族的阿訇也未必很容易就能学到，练至深层的则更稀少。也没有人为了收学生赚银子并广而告之的在公开场合演练，平时根本就看不到，因此，外地人就更没有这种学习机会和缘分了。洛阳心意拳基本上就是这种状态。

洛阳一位师叔对他曾教过的阿訇徒弟的人品有极大的怀疑，甚至很反感。马宏宪老师曾教过一位亲戚，后来因为人品问题停止了传授。南阳地区曾有一位练心意拳的阿訇，曾在生活上一直照顾一位著名的回族心意拳传人，但始终没有得到这位心意传人的一点指导。心意拳的保守程度令普通人难以理解。

南阳地区一位练习散打的回民，曾摆下宴席向附近的心意拳老师们求学，但所获甚少，多被心意传人直接回绝。笔者不是穆斯林，曾走访过这些回族心意拳传人，他们纷纷给予本人热情的招待，并不厌其烦地示范他们掌握的心意拳要点。有的老师甚至在有病卧床时，还要坚持起身，为笔者演示秘不示人的心意武功。

马学礼的老师也不是回族。马梅虎的徒弟、心意门第四代传人权天才先生是汉族，而洛阳东关的穆斯林民众，都跟这位汉族传人学习心意六合拳，包括马宏宪老师（回族，洛阳心意拳第五、六代中的代表人物，后又被心意拳第五代传人金黑彦先生收为弟子，是金先生的顶门大弟子）和本家的一些长辈们。

现代武术界的有些人，过于重视传承的辈分，总喜欢以此来说事，甚至为此造假，还有说什么长辈羞于向晚辈学习等。在洛阳心意门中，注重的是找个明白老师，学到好东西，长幼叔侄都是可以同堂向一位老师学艺的。几千年前的孔子，虽培养了众多军、政、财经等各领域杰出人才，但仍然"学而不厌，诲人不倦"，以好学著称。关于求学、做学问，《论语》中有很多对孔子言行的记载。子曰："敏而好学，不耻下问。""困而不学民斯为下也。""三人行必有我师焉，择其善者而从之，其不善者而改之。"如此才是做学问应该具有的态度，而不是如今人似的，举行个徒有其表的拜师仪式，花钱弄个武林辈分。孔子还提出了"有教无类"的观点，不分贵族与平民，不分国界，只要有心向学，都可以得真传。

马宏宪老师教过的人中包括回族、维吾尔族、汉族。师娘当着家人的面对本人说："被你老师认可的徒弟，我知道的只有（孙）恒斌、（颜）志俊和你三个。"一个回族、两个是汉族。其实，马老师教过的人不止三人，我也曾听马老师提到过两个人名，有的因为其他原因、后来中断了，有的则不被马老师认可。

马宏宪老师是当代心意门翘楚，在洛阳有着极高的声誉。虽然从不做宣传，但在习武人心中，是无可争议的洛阳心意拳的杰出代表。有段时间，网上还出现了一位自称是马老师关门弟子的人，当问过马老师后才知道，那人仅跟马老师见过一面而已。

马学礼宗师的弟子南阳张志诚阿訇教授的弟子中，既有回族也有汉族，如郏县三郎庙人李祯（回族）；邓州夏集人张海洲（汉族）。另有南阳系心意拳传人陈合龙（汉族）传马雷石（回族）。马雷石老师传徒回、汉均有。河南襄县的心意拳在重要传承人中也有回传汉、汉传回的传统，没有"传回不传汉"的说法。如姚仁山（回族）传鲁水聚（汉族，芦遂聚）；鲁水聚传吕应林（回族）。吕应林先生所传弟子回、汉均有。宋国宾（汉族）和卢嵩高（回族）为结义兄弟。袁凤仪曾传尚学礼、杨殿青、卢嵩高、宋国斌。卢嵩高传徒谢兴邦（汉族）。

山西的隆邦父子不是回族，也学到了李祯（回族）先生河南南阳系的心意拳，到现在普及率很高，发展得很好，影响力也很大，还发展出了一个新的拳种——形意拳，从形意拳又发展出大成拳（意拳）；大成拳又传至日本形成太气拳。

以上各支心意拳的传承，从古至今，回族、汉族、维吾尔族、国外人士都有，何来传回不传汉之说？马学礼先生不曾说过这种话，真正的门里人也从不说这类外行话。所以，请君别再说传回不传汉这种外行话。

心意六合拳之名称也不是马学礼定名的，至于加入"圣行"等与教门的联系也只是近年来的个人行为，与原始的习武内涵、心意武学已经不是一回事了。马学礼先生也只是一位继承者和传承者，心意六合拳来源于教门之外。马学礼先生以后，学习心意拳的回族群众比较多这是事实，但始终没有传回不传汉的说法。发展到今天，还是武功是武功、教门归教门，并没有太多实质性的联系及教门对心意拳理论的指导。

洛阳心意拳是市面上流行的心（形）意的总源头。扯上哪一位名人也绕不过马学礼宗师的这个传承。不管你学习心意还是形意，推重心意还是形意，马学礼都是此派最关键的人物，一代武学大宗师。这些都是历史的真相。

洛阳心意拳由于很少外传，原传的拳术、器械还在流失，真正全面掌握的极少。如洛阳心意的器械内容：心意六合大枪、心意六合棍（眉齐棍）、心意六合刀、心意雁翎刀（大刀）、七势槿枷、信子（绳镖）、九节鞭，以及单刀破矛等对练项目，随着时间流逝和老一辈武术家的离去，当今绝大多数心意传人已经不知道了。马宏宪老师曾说："那真是好东西（权天才先生所传单刀破矛），实用性极强。"鉴于此，本人对洛阳心意进行了技术的梳理和抢救，并将部分内容予以公开，可参见《最后的秘密功夫·洛阳心意六合拳》一书。通过对技术的剖析，可让心意爱好者对武艺的传承与技术体系有更深入的了解，不致经典湮没于历史。

南阳系心意拳传播最广。当今，分散到各地的、形式不一的心意拳派大多都是其分支。如后起之秀的山西戴家心意，周口、上海派心意都属于南阳系的心意。这些分支均在近代影响力很大，并辐射全国。心意拳南阳系，直接的来源是马学礼宗师的洛阳心意拳系统。

心意拳南阳系又是山西戴家心意拳的直接源头。因为戴隆邦父子是跟河南郏县三郎庙的李祯先生学的心意拳，戴家的心意拳有山东金世奎螳螂拳的内容，以心意拳为主。而李祯是马学礼宗师的徒孙、南阳张志诚的徒弟。至于后来又出现了一个叫曹继武的人，则是很多心意拳传人不清楚的。据传说，山东金世奎的螳螂拳传人也学到了心意六合拳的内涵，从而形成了六合螳螂。

戴家的心意拳是形意拳的源头，李洛能则是戴家心意拳的传人，曾在河南十家店（社旗县）与戴氏兄弟共同研究武艺。还曾与捻军作战。之后，李洛能先生与戴家人回到山西（避仇家）。形意拳之名是口音讹传所致，并不是李洛能先生改的，李洛能先生的传人中仍然有一直称心意六合拳的。形意拳的名字也曾把民国时期两位著名的心意传人（宝鼎、高降衡）搞糊涂，而把自己的著作定名为形意拳。

随着时间的推移，各支心意、形意都发生了一些改变，功法和器械也很不一致，而标榜从未改变古朴原貌也是不可能的。由于对心（形）意的历史不很熟悉的缘故，才会认为自己的传承是原汁原味的古传武艺。其实，各地的心意、形意都是形变后的产物，原汁原味古传的武艺，大概只有马学礼或那位传拳给马学礼的隐士才知道答案。就目前来说，武林中公认变化最小的是洛阳心意门。

心意拳原本是一个比较简单、简洁的拳种，发展到今天已经变得体系非常的庞大了。南阳系心意拳内容最为庞杂，涵盖的拳术、器械种类很多。各地都有区别，南阳系心意，因为不少传人是带艺投师的，在发展中已经吸收了很多外门的拳种和器械，多不是心意门的原始器械。可以说，没有人是绝对原始、纯粹的心意拳，都是形变后的结果，只不过有大有小而已。说自己最古老、丝毫不改变的，有时往往是形变最大的。"子不嫌母丑"，卖瓜的也常说自己的瓜最甜，这是可以理解的。不管是何门何派、谁的徒弟、谁的后人，那代表的是过去，和他本人功夫的高低是两个概念，这是实话。因为内行人从不看那些虚的东西，初学者则不容易辨别清楚。

现在的南阳系，体系非常庞大。南阳系不是单指南阳地区，而是指南阳张志诚传河南郏县三郎庙李祯、邓州张海洲；张海洲传吴呼连，李祯再传鲁山张聚、山西戴隆邦、戴文良、戴文雄（戴文熊，乳名：二闾）家族，邓州穰东清真寺阿訇水观澜及其二子水腾龙（武秀才）、水应龙（武庠生）以及唐万义和武状元马殿甲之子马步衢（临清卫守备）、襄县姚仁山等。以后再传买壮图、唐九州、周得文、张景根（乳名老根儿）、吴喜林等心意传人。还有很多其他支系的著名传人，在此就不一一列举了。总之，这是一个很庞大的系统，各地的差别也很大。就是南阳本地区的心意拳传承，差别也是很大的，就别说传播到全国各地的心意拳了。

因为心意拳传人在以前学艺各不相同，又普遍互不交流，差别慢慢形成，而南阳地区的老一辈拳师，很多已经作古。虽然以前是心意拳真正的拳窝子，唐万义、唐九州时代，一个镇就有上千人习练心意拳和大枪术。至今，当地的清真寺石碑上还记录着不少心意拳的武举人、武庠生。但很多老一辈拳师没有把他们的技艺完整系统地流传下来。心意拳的传承遗憾在各地都有。

很多传人的思想较为保守，教学方法也有待改进，后世学者也很少有及时进行抢救梳理的，所以能全面继承的几乎没有，很多传人所学技术较少，残破不全，就像洛阳心意拳一样，虽然是心意拳的发源地，但在近代的发展历程中，影响力和传播的广泛性都不及后起之秀的心意拳支系。

心意拳南阳系传播的范围最广，包括的地区较多，如邓州、鲁山、周口、上海、漯河、襄县、武汉、安徽、河北、山西等地都属于南阳张志诚的体系，而又溯源至洛阳心意拳。各地都有自己的师承脉络，区别很大。

在南阳系心意拳派中功法名目繁多，器械也有很多。拳术方面主要有六艺（鸡腿、龙身、熊膀、鹰捉、虎抱头或虎豹头、雷声)、十二大势（练功方法可参考《心意六合拳十二大势发力与技击》一书）、十二把劲意、胡蝶手（南阳地区的有些心意传人习惯称"蝴蝶分手"，可参考《闪展腾挪蝴蝶手》一书）、汤瓶七势、六路钻拳（可参考《汤瓶七势与六路钻拳》一书）、李政（桢）弹腿（可参考《李政弹腿》一书）、回回十八肘（可参考《心意贴身十八肘》一书）、四把锤、丹田涌动、十大真形、熊形塌把、熊形钻把、熊形裹把、蛇拨草盘练法、蛇裹蛇吐信、蛇裹蛇串拳、推头把、单把（与洛阳单把不同）、双把、十字把、摇涮把、连环把、怀抱顽石把、鸡形步、中门头、老三拳（钻裹践）、七膀、七炮、八样身法(刘万义先生传入南阳地区，原属于洛阳心意拳的内容)、裹风膀、裹风翅、裹风捶、裹风掌、六合崩劲、捆柴把、撩袍把、盘辩手、摸拉袖子手、鸡宿腿、闪展（战、赚）腾挪等心意盘练方法。

  器械类以大枪为主，平时训练常不加枪头，称为大杆子，长度大约在3米左右，根据自己的功力选择器械的重量，太轻或太重，训练效果都不好。

  南阳系心意拳器械类有：六合大枪、中六合枪、小六合枪、缠丝枪、十大真形枪、青龙出海枪、二龙戏珠枪、沥泉枪、岳飞后造十枪、群枪（又名独行枪）等枪法，另外，六合刀（三十六鸾刀、三十六拦刀）、六合棍、五郎棍（又称十三把）、心意春秋大刀、心意双手剑、梢子棍、九节鞭、绳镖、双锏、老君锛、长棍、眉齐棍（三十六棍）、西羊鞭、两节棍等长、短、软的具有代表性的器械均涉及在内。如果再具体到各地区如周口、上海、山西等地的话，器械种类就更多了，有三节棍、鸡爪剑镰等。

  本书中的"大六合枪诀、中六合枪诀、小六合枪诀、六合群枪歌诀""五郎棍法"等均载于河南邓州穰东清真寺阿訇水观澜所著《水氏家传武术谱》中，成书约在道光二十一年左右，是在南阳系心意拳师李政（祯）先生、洛阳心意门刘万仪先生（马梅虎宗师之高徒。金黑彦先生的老师马梦乐先生之师兄)、开封朱仙镇著名枪师唐大用先生三人在水家传艺之后而成稿。经水观澜及其二子水腾龙（武秀才）、水应龙（武庠生），下传水应龙之孙水普慈老师(南阳市第二高级职业中学教师、地方志办公室顾问、《南阳市教育志》主编，市修志先进工作者)，水老传艺于南阳邓州马雷石老师（主任医师）。

十八般武艺

"十八般武艺"常见于中国古代的戏曲、小说和兵书中。《水浒传》中，王教头点拨史进十八般武艺。哪十八般武艺？矛、锤、弓、弩、铳、鞭、锏、剑、链、挝、斧、钺并戈戟、牌棒与枪叉。明万历年间谢肇淛《五杂俎》中的十八般武艺为："一弓、二弩、三枪、四刀、五剑、六矛、七盾、八斧、九钺、十戟、十一鞭、十二锏、十三挝、十四殳、十五叉、十六耙、十七绵绳套索、十八白打。"前十七种都是兵器的名称，第十八的"白打"则是空手派的"拳术"。

南宋兵书《翠微北征录》卷七："军器有三十六，而弓称首。武艺一十有八，而弓为第一。"据说，这是"十八般武艺"最早的文字记载。此兵书作者为华岳，字子西，号翠微，嘉定武科第一名，殿前司官。以上记载说明"十八般武艺"基本都是兵器类，但各个时期的"十八般武艺"有所不同，没有一致的说法，所以又有"十八般兵器"之说。其意思是泛指多种武艺，实际上远不止此十八般兵器。翠微先生说的"军器有三十六"是宋代以前，而以后，每个时代都会有一些变化。总的来说，"白打"基本不算什么重要科目。吴殳说："若拳，则市井小民之事，无用于兵刑，止以供穷途之赤手。"这说明，在生死搏杀的军事战争中，在民间的防身武艺中，都是以器械为重点，而不是赤手空拳白厮打。南宋戏文《张协状元》中载："前日两个小人，一个道欠钱，一个道不欠钱，十八般武艺都不会，只会白厮打。"

在冷兵器时代，除了远距离杀伤性武器弓弩之外，无论是古代的战阵厮杀还是民间较技，枪、刀、剑、棍这几样兵器，是各门派最常运用的攻击性武器，是冷兵器时代经过几千年的筛选、淘汰后留传下来的重要冷兵器。

受影视作品以及小说演义影响，很多器械或被夸大其作用，或已逐渐沦为如戚继光所说的花法。习武人知道，在眼花缭乱的套路表演和影视作品中，出现越来越多的高难度动作，这在实战中几乎是毫无用处的。以实用武艺为主的习练者，不会把大量的时间花在这些花式武术上。但很多普通人并没有分辨的能力，武术和舞术分辨不清。加之这些花式武术很能吸引大众的眼球，高飘帅美，所以自古以来，花式武术都有很大的市场，指责或打假其实并没有太大作用，因为，各有其作用和目的。花式武术，在以前多是江湖艺人为了生存的需要，以花法吸引徒众、混点吃喝，很多属于杂耍一类。但久而久之，很多流派中也有了夹杂。

明代将领俞大猷到南方抗击倭寇时，路过河南，因素闻少林寺僧善武艺，就顺路到少林寺考察，当时有千名寺僧，颇自负武艺。但俞大猷看过之后得出结论，上阵无用。随后在少林挑选了两名僧人，随其到军中学习武功，学成后再由他们回传少林。俞大猷《正气堂集》自序："予昔闻河南少林寺有神传击剑之技（棍术），后自云中回，取道至寺。僧自负精其技者千余人，咸出见呈之，视其技，已失古人真诀。明告众僧，皆曰：'愿受指教。'予曰：'此必积之岁月而后得也。'"

戚继光、俞大猷等明代著名将领，是最反对花拳绣腿、无实用价值的武艺的。在戚继光《练兵实纪》中说："凡武艺，务照示习实敌本事，真可搏打者，不许仍学花法。"以上例子都说明一个问题，花式武术古来就有。在抗倭战场上，经过整训的少林、伏牛、五台等僧人曾随明军奔赴江南沿海地带，挥舞着铁棍、长枪击杀来犯的倭寇。《筹海图编》卷十一："五台之枪本之杨氏，世所谓杨家枪是也。以五台山僧善杨家枪，调征倭寇。"

在棍里多含有枪法，除了花枪之外，枪里很少会有棍法。因为大枪是战场上重要的杀敌器械，比较长，没有舞花的动作。戚继光的十二人的鸳鸯阵中就有四名大枪手。枪和棍有简单实用、快速上手的特性，也有提高功力的作用。现代比较流行的擂台搏击术如散打、MMA（综合格斗），有抖大绳、抡大锤等训练，其实这都是些阻力训练，但好处是全身性的运动，不是肢体局部运动，这在实战中是有用的，比一身肌肉和蛮力上去当靶子要好得多。在中国的有些武术流派和摔跤中也有类似的训练。心意门内的拳术中大枪（大杆子）等器械也是全身性的运动，尤其是大枪训练，对提高功力很有帮助。

在以前，士兵经过短时间的刺杀训练就可以上战场杀敌，所以有"年刀月棍当时枪"之说。但枪法易学难精，也有种说法为"年刀、月棍、一辈子枪"。吴殳在《手臂录》中说："非血气之士日月之工所能学……必日五百戳，几百日而戳址固焉。戳之后，乃教以革……练戳、革无终期，十年、二十年益善。余本书生，不能专其技，仅得三年之工……"

在心意门器械中兵器很多，还有一些稀有兵器。一般来说，实用冷兵器主要还是大枪、刀、剑、棍。心意拳尤重视大枪的练习，南阳系心意拳的传人，多传说此拳是由大枪化为拳法的一个拳种，老一辈的人均练习大枪。但也有南阳地区之外的一些心意拳支系，由于各种原因没有把器械传承下来，后来引进了其他拳种的一些器械，也有传人由于所学不全，则发展成了"空手派"。

南阳系心意拳多以熊出洞的动作为起势，这大概可以看出，心（形）意拳与大枪（杆子）的种种关系（图1-1、图1-2）。出于拍摄的方便，图中示范使用了长棍代替大枪。因为形意拳和南阳系的心意拳有很近的血缘关系，所以，形意三体式接近南阳系心意的熊出洞，形意三体式也是一个持枪的姿势，和熊出洞是同样的道理。

图 1-1　　　　　　　　　　图 1-2

洛阳的心意拳是南阳心意拳的源头，一般不摆桩，不抱架，不摆格斗姿势。拳谚云："起手三节不露形，露形不为能。"以下为洛阳单把（图 1-3）和洛阳心意六合枪（图 1-4）、心意六合棍（图 1-5）。出于拍摄的方便，图中六合枪的示范使用了短（行）枪。

图 1-3

图 1-4

图 1-5

心意门有六合刀法和双手剑法。双手剑也称为十大真形剑，本书中的短棍借鉴了心意双手剑法、心意六合刀法（图1-6）。剑是很重要的冷兵器，历史久远。中国人对剑有很深的感情，有很大的象征意义，后来成为道家的法器之一，是道家人士斩三毒的利器。在唐代以后，剑在军队中的地位逐渐被刀所取代，日本的倭刀也受中国唐刀的影响很大，朝鲜势法据说就是中国古传的刀法。但到了明代，这种刀法在中国已经失传，后来经过中国武术家的努力，又继承并整理了这种古传武艺。在倭寇侵犯中国沿海地带时，倭刀又在很大程度上影响了中国军队的用刀，属于一种文化的回流。正如仲尼有言："礼失而求诸野。"

图 1-6

当今时代，随着民众物质生活的提高，各种娱乐项目层出不穷，选择也越来越多，武术对于当代的很多人来说，只是娱乐健身项目的一种。我们这种年龄的人，也已经不再像年轻时那样，固执地完全排斥花架子了。中华武术自古都是演法和打法并存的，演法有艺术夸张成分，适合观看表演，打法讲究实用效果，不为观赏。看当今的形式，真的没有必要再去争论武术到底是健身重要还是实用重要的问题。散打代表打（擂台），规定套路代表艺术（花法），民间武术游走于两者之间，也有庞大的习练群体，都是各取所需。所谓"有市场就有供给"，有些外国人就是因为看了我们的花架子表演和花架子电影，才万里迢迢来学武术的。有些花架子也很具灵活度和形体美感，演练起来比实用武艺更具表现力和感染力，只要明白其中的区别就行了，观看此类演练，就当是欣赏艺术体操或舞蹈吧。

枪棍辩

武林中有枪为"百兵之王"、棍为"百兵之祖"一说，也有棍为"艺中魁首"之说。明代武艺家程宗猷说："凡武备众器非无妙用，但身手足法，多不外乎棍……"明代将领何良臣在《阵纪》中说："学艺先学拳，次学棍。拳棍法明，则刀枪诸技，特易耳，所以拳棍为诸艺之本源也。"以上都是当时之名家，但也将棍的作用说得有些过头。同时代中对棍法的研究很具权威性的武艺家，是抗倭时著名的将领俞大猷，他在所著《剑经》中说："用棍如读'四书'，钩、刀、枪、钯，如各习一经，'四书'既明，六经之理亦明矣。若能棍，则各利器之法，从此得矣。"

而明末枪师吴殳在《手臂录》中说："古语云，枪为诸器之王，棍乃枪家之奴婢。"又说："枪棍之道，不可认奴作郎，亦不可竟废家奴也，用枪断不可用棍法……"下面是吴殳在枪棍辩中的一段论述，讲明了枪与棍的诸多不同之处，见解非常精辟，对后人的学习具有指导性作用，学习器械应该仔细地阅读一下。原文如下："长棍七尺五寸，短枪九尺七寸，其体相近，其用天壤。棍重三斤，枪重十斤，一也。棍用打，枪用扎，二也。棍打一大片，有定向，枪扎一条线，无定方，三也。打大易见易革，扎下难见难革，四也。棍之打，举手即是，枪之扎革，苟完亦须二年之工，五也。用棍手与身足，其工正均，须有架势，枪之用处，全在乎手，身与足以成就其手而已，不须架势，六也。打之锋影，作人字形，封闭之锋影作圆形，七也。有此七件，所以棍易会，枪难能。世乃有兼枪带棍之语。人情之乐易畏难，犹水之避高趋下也。兼枪者，固棍也。带棍则枪亦必尽入于棍矣！枪安在哉？"

枪棍制式

《手臂录》枪式说："枪式，敬岩（吴殳之师，明末著名枪师，役于抗倭战争，在当时名震江南）首务也。枪不合式，扎与封闭连环，皆入邪道。枪材以徽州牛筋木者为上，剑脊木次之。红棱劲而直且易碎。白蜡软棍材也（现代人均用白蜡杆子作为枪材、棍材）。冲斗（程冲斗、明末著名武术家）绝力用十三斤，余止得八斤，最轻不可下五斤也。其劲如铁，根大逾握，削之使就手，渐细至尖。尖径半寸，搦于根前三尺，衡之正平，居重御轻，用之乃得灵变。过丈二腰必软，欲腰不软根太大，不可握矣。故以九尺七寸为定式。战场、游场，皆用此器，此峨嵋入门第一步。观器可以知人，遇用重大劲枪者，不可轻忽。遇用轻细软枪者，安步平行取之。握枪应根与臂骨对，舞枪（表演性的花枪）则轻软悦目而已。"他又说："少林有风魔棍法，棍长丈二，重四十斤，绝力之士，不须别法，只此一法，临阵枪犹避之何况余器。无此力士，故仅存其名，而失实用。实用既失，同于舞法矣（失去实用价值的花法）。少林谓之观音棍，盖其寺之观音堂有僧善此棍法，因以命名也。"

程冲斗《少林棍法阐宗》问答篇："棍为艺中魁首，固矣！而所用之棍，以何木色为佳？铁棍可能用乎？余曰：'疆界不同，各色不一，惟质坚而实，性刚而和，自根渐细至梢，如鼠尾者，则用方灵（图1-7、图1-8）。生成直无疤节者为上。劈成、锯成者，文斜易断。如梢过大，则头重难用。如腰软，则无力，如太硬，不便捉拿。然棍之轻重需随人力之大而用之。若常用，惟三斤、二斤半者为的。如铁棍则长七尺五寸，约重计十五六斤，其制与木棍等，然非巨力者不能用。两头细于腰者，但便于阴手耳。要之轻者，便捷也。"程冲斗又在《长枪说》中说道："历云丈八长枪，以周尺计之，只一丈四尺四寸。余受师传，所用木竿，一号长一丈八尺，重十二斤；二号长一丈七尺，重九斤；三号长一丈六尺，重七斤。一、二号平日习演，先持长重而后用短轻，乃练力之法也。三号可以临敌，如再轻短，照古数一丈四尺，无不利也。其木色有稠木，有檀木，有检栗木，皆大木取小，劈刨而成，多不坚牢易断。必选生成者为上。有牛筋木（赤者佳，白者次），有茶条木，有米枯木，

图1-7　　　　　　　图1-8

有柘条木，有白蜡条木（又名水黄荆）。各处土产不同，其名各异，惟取坚实体直，无大芽枝疤节者为上。根头盈把便好持拿。自根渐细至梢，不软不硬为妙。如太软太硬，则拿捉不如意，调制如法，便好运用也。今军伍中多用竹竿，但要选苗竹，竹节周密者佳。大抵竹不耐用，拿拦击刺之间，力大则破矣。干又自裂，可用盐卤久侵，使常有润色，略可取用耳。铁枪头，惟用点子样为最，又名柳叶枪，必要小钉钉入竿内。古云：'枪头不过两，以轻便为妙也。'"

棍在传统武艺中大约可分为长棍（图1-9）、齐眉棍（图1-10、图1-11）、短棍（图1-12）。马宏宪老师所传洛阳心意门称棍为眉齐棍。而少林派也有眉齐棍法，洛阳心意大枪称为苗子（矛）。

图1-9

图1-10

图1-11

图1-12

五郎棍以长棍为制式。南阳心意门中大枪约在一丈左右，唐氏（万仪）一脉枪式较短，平时训练不加枪头，称为杆子，以八尺为盘枪、六尺为行枪。据马雷石老师说，陈合龙在传授大枪时，盘练之枪比较粗重，后把粗得难以持握，一晚上练习下来，大多会手腕肿胀。如今大多数习练者由于取材方便，均选购较重长的白蜡杆作为枪棍之材，平时习练多不加枪头，称为杆。影视作品中多用南方的藤子作为枪棍之材，枪头巨大，浑身乱颤，以增强视觉效果。但藤棍过于柔软，已失枪棍之正眼。

练功、实战要素

练功与实战动手，练功是知己功夫，实战动手是知人功夫，要两者结合起来才行。很多人习武一生，两者都难以结合，只知道练基本功，并不晓得实战要素和实用技巧，遇到情况也就难以应付，挨了打就说练拳套子没有用。其实，打人的也一直在练拳套子却浑然不知，也说练拳套子的不行。所以才被分割成两部分，练是练，打是打。一上来就想打，那只是瞎打，基本功打不好，当然打不出门派特色。

有的人没有本事却喜欢到处惹事，遇到硬手就被制服在地，这就很糟糕。只靠心黑手狠是到不了高境界的，碰到稍经训练的搏击型拳手，很快就会狠不起来，这种例子在生活中见得太多。一位朋友就很善于对付这类人，一次惹到五六个好勇斗狠的小地痞，动手过程基本过来一个就一两下放倒。这些小地痞们也是经常动手打斗的，勇气十足，不是一般一吓唬就跑的。我这位朋友大多数时间就是练自编的套路，实战打得也不多。

动手实战，我能想起来的大概有以下几大综合要素。几大综合要素中，胆气肯定要排在第一位。但也别忘记另外一句话："艺高人胆大。"上面这位朋友就属于这种人，有了绝技在身，实战时，就从容镇定，思路清晰，且能把平时训练的基本功用出来。戚继光曾说过："对敌若无胆向前，空自眼明手便。"

古之善练兵之名将，都善练兵之胆。明代将领何良臣的《阵纪》说："前之所以教练武艺，节制行列者，总为张胆作气之根本。兵无胆气，虽精勇，无所用也。故善练兵者，必练兵之胆气。夫人之胆有大小，其大小不可预知；气有勇怯，其勇怯不能凭识。人而胆小，虽勇弗用；胆不以气，虽大弗张。是以气为一身之用，死生荣辱系焉。能作其气而张其胆，则胆与气俱用之矣。然非绝技，不能卫张胆之身。所谓暴虎冯河者，徒恃其胆力也。设若两军初交，有人重被枪刃而先踬，一军之气挫矣。虽千百人有胆气者见之，亦必馁抑。假使千百人负胆气者，更精武艺而节制素行，自谓无所往矣。无所往则固，而胆气自十倍于常时。将必骋其艺，奉其制，凭其胆，奋其气以登凌，其一人之先踬者亦必忘其伤，振其怒，随千百人以决进。故善练兵之胆气者，必练兵之武艺。"故胆气绝对要排在第一位，这是历史的经验。

其次，是应变能力和时机的把握。想到的词语有"以巧破千斤""以弱胜强""以小搏大""一招制敌""宁在一思进，莫在一思停"等。应变能力有先天的成分存在，之所以能称功夫，说明通过后天锻炼也可以有某种程度的提高。应变能力和时机的把握，主要是神经系统得到提高后的表现。譬如常见到武术大师们的著作中有些形容的词语"有感而应""一触即发""感而遂通""拳无拳意无意，无意之中是真意"等。虽然说得神乎其神，但这个是任何拳术追求的最高境界。心意拳功夫久练功深，极有可能达到这种无意识界的武功境界。这是反击最快、最准确的武功状态，比眼见以后再经过大脑分析来得更快、更高级。在以前的传说中，也有高人能够通过意外刺激表现出来过。现代科学已经证实这个道理。这是拳术水平高超的体现，并不神秘，但需要很高的功夫，拳谱上也曾提到过。

第三，是爆发力。传统武术中常称为爆炸力，跟速度有很大的关系，全身不协调也是不行的，既有力又有速度才叫爆发力。无力且一副软绵绵的行云流水的高深状态，再配上古典的音乐，看上去确实很有意境，外行人看了感觉很高级似的，而很多真正的武术家一直对此很有疑惑，没有爆发力还能叫武术吗？直接叫武舞、健身操就好。

马宏宪老师曾提到："洛阳心意也有些传人练习这种软绵绵的软捶，但练习的人自己知道，这种软捶只能健身，是不打人的。"打不出刚劲的爆发力，实战时难以制敌，没有威力的动作打到敌人身上效果不好。尚云祥前辈曾说过："我再有三十年阳寿，就再打它三十年刚劲。"身体没有六合是打不出刚劲的爆炸力的。南阳系的六合劲是通过六艺练出来的。洛阳心意通过单把就可以把功夫练出来，也可以辅助十字把的练习。其他支系的心意拳也各有各的重点练法。原始的心意拳没有站桩功，形意拳在早期也不强调练站桩功，与近代的形意拳是有些区别的。一般通过五行拳就能练出不错的功夫，练到十二形就已经够用了，其他的练与不练都行。这是一位有名的形意拳老师私下对笔者说过的。如果教各种学生，则花样越多越好，学多少年也让你学不完，这就成了做生意的手段了。

第四，是协调能力。排除天赋高低，不管你搞什么名堂，从协调能力上观察，训练有素和偶尔练功会有很大的不同。首先观察的就是这一点。练武功多了，协调性自然提高。有些收费不低、很会炒作的知名师傅，连基本的协调能力都没有，身子怎叫一个笨字可以形容，但学生很多，仰慕者也很多，而且江湖名号很响亮（炒作）。"大师"有"自信"也有"人缘"，大家在一起时高兴就好。

第五，是打斗经验。有当然好，无打斗经验也没有关系，除了打擂台的运动员，练传统的很多都没有那么多的打斗经验。主要是心不能慌乱，这要靠平时的基本功作支撑，能把平时训练的功夫用出来三五成就好，再参考前边说过的第一项，也是可以起到防身的作用，是完全可以打胜仗的。

不管形式如何不同，心意拳不像有些"高深"的拳种，是很容易看出功夫的。武林中有"拳假功夫真"之说。武术宗派没有完全一致的，只能说各有千秋，各有所长。不能以自己门派的特点来要求别的门派，各自的路线、重点都有不同。明家多是求同存异，学习他人的长处，以提高自身的修为。武术爱好者莫陷于门派之间相互贬低、人云亦云之中。

第六，是熟练程度。任何技艺都需要一定的熟练程度，这是无需多讲的。

以上六点，在具体实施的时候实际上也可归纳总结为一条：进身发力，两者是一，不是二。进身（不是近身）靠的是身法步法；发力也是靠身法步法，心意拳一入手的基本功夫就是身法步法，这是任何武术流派的重点。李小龙曾总结他武功的精华为两条：近身与发力。

名棍源流

此棍出自南阳水氏家传心意六合拳。在清道光年间，南阳府邓州穰东清真寺水观澜阿訇，先后聘请了河南开封八大枪师之一的唐大用、洛阳心意六合拳第三代传人马梅虎之高徒刘万义、心意六合拳传人张志诚之高足李祯三人来家中传艺，水观澜及其二子水腾龙（武秀才）、水应龙（武庠生）以及"中原第一枪"唐万义和马步衢（山东济南临青卫正堂掌印守备，后升署都司之职，武状元马殿甲之子）皆从三位明师学习武艺。

唐大用，回族，河南朱仙镇人。约生于乾隆二十五年左右，同治末年归真。八大英雄之一。平生兼精各技，尤以枪法闻名。其枪宗周侗、岳飞以及晚近名家而又独标一帜，号唐家枪。幼年时扶枪驰骋齐、鲁、燕、赵间，所向无敌，武场中闻唐枪之名，均退避三舍。大师晚年设场于穰东镇以授徒为生活。水公观澜为唐师之得意弟子，大师亦谓传之得人。水观澜迎之家中奉养终年。大师子万义、孙九洲，均能继其诸技。

唐万义，祖籍开封朱仙镇。约生于嘉庆初年（1797年），归真于民国三年（1913年），享寿116岁。自幼随父即河南八大枪手之一的唐大用，习家传唐氏六合枪法。道光二十年（1840年）随父唐大用迁邓州穰东镇，同事南阳系心意拳明师李祯先生、洛阳心意拳明师刘万义先生，在邓州穰东清真寺习艺，尽承诸位明师之衣钵。功夫精深，大枪之技艺尤为出神入化，有"中原第一枪"之谓。

唐万义先生艺成后以传徒、保镖为生。所传知名弟子很多，有方城李太春；南阳县安皋乡太清观人王钟寺；南阳石桥镇人刘二教师、刘三教师、周得文、王子范；南阳田店人王振铎，南阳黄台岗乡陈寨村人陈世卿，邓州海玉水、马凤贵、马黑子、马武源、曾飞鹏（光绪二十四年武进士）、海殿榜（同治元年壬戌武进士）、马永发、马建顺、马子万、马建功（咸丰元年辛亥武举）、马振武（历升至副将加总兵衔，赏黄马褂，充开字营统领，代理大名总兵，封咸威将军），穰东人李光顺、李修成、闻青魁，邓州市张村人陈大博、陈大忠、陈大计，河南镇平县礼拜寺人答佐栋，镇平县柴庄人姬老实，镇平县晁陂镇甲李人姬朝祯阿訇与姬占标、姬占榜、姬占清、姬占勇、姬占德、姬占刚、姬占锋兄弟七人及其子唐九洲等。唐万义先生与其父唐大用之威名远扬于鄂、豫一带，事迹颇多。

唐九洲，唐万义之子。约生于咸丰七年（1857年），民国元年（1912年）归真，终年55岁。自幼随父万义习家传三十六枪及心意六合拳，武艺高强，枪法出众，有"一杆枪名扬九洲"之称谓。曾与水应龙为结义兄弟，又有"八府九州"之称。但其在清代武场中屡考不中，后来参加王振铎（外号王八老虎）组织的义勇军起义。宣统三年（1911年）义勇军起义失败，王振铎被南阳总镇谢宝胜所杀，唐九洲被清政府追捕，逃难于湖北襄樊躲避。民国元年（1912年）在石桥为了保王家一友，被清兵围在石桥家中，被捕就义，葬于镇平县晁陂镇甲李村。

唐万义丧子后患病，去镇平水家养病，次年（民国2年）归真。唐家与水家关系密切，武艺源流一致，传播最广，是早期南阳系心意六合拳的主要构成部分，南阳心意拳的代表。后来的湖北心意拳、上海纪晋山先生一脉均源于唐万义先生一脉。

李祯，回族，河南郏县三郎庙人。约生于清乾隆末年（1793年），归真于同治末年（1878年），享寿85岁。为南阳张志诚阿訇弟子，得张志诚阿訇心意六合拳真传。李公以驮帮运皮货为生，每日与骡马为伍，马前行，李公则以鸡行步追之，又以鸡行步后退，反复往来，故腿下功夫无比深厚，人称"鸡腿先生"。曾于1866年两次到水家传授武艺，至1876年离去，又过数年后归真。下传弟子有郏县同乡张聚、白先师，山西戴龙邦及其二子大闾、二闾等，襄县姚任山，邓州穰东清真寺阿訇水观澜及其子水腾龙、水应龙，以及唐万义和马步衢等。

刘万义，回族，洛阳塔湾村人。约生于清嘉庆年间，近代之武学巨擘，洛阳心意拳第三代传人马梅虎宗师得意弟子之一（刘万义、马梦乐、权天才）。与师弟马梦乐先生关系最密，皆身负心意六合绝技，功力深厚。曾传艺至郑州、南阳地区。刘师身体瘦小、貌不惊人，无世间赳赳武夫之态。虽精于技击，威名驰誉中原，但初见之时，众皆不以为然，常被轻视之。刘师年少时曾因家贫，独自一人劫镖，引出马梅虎宗师施绝技、腾身擒飞鸟，而惊走较技镖师。刘师曾步行百里，为表弟出面技惩恶霸。后受邓州穰东清真寺水观澜阿訇邀请，至水家传授武艺。传人有水观澜及其子水腾龙、水应龙、"中原第一枪"唐万义、武状元马殿甲之子马步衢等。

水观澜，约生于乾隆五十一年（1786年），光绪二十二年（1896年）归真。水家在明末清初从陕西渭南县凉天坡迁来，世居镇平县水家沟村，至水观澜已历七世。水公和豫省名师来往甚密，访拜各地学技卓越者，有李祯、刘万义、枪师唐大用。观澜公积善好施，不吝钱财，见贫寒脱衣以济，有疾病迎至家中施药施饭，至愈方休，故家产十之八九施散于人。水应龙在《自述书》中说："余父慷慨乐善好施，尤为世所罕见。"其二子水腾龙、水应龙均在武学中造诣很高，为同辈中的佼佼者。

水腾龙，字少波。约生于清道光年间，民国年间归真。武场中以武痒生名列前茅，且技击功夫出众。与捻军大战时，用唐氏六合枪中之"里花里摆""里花外摆"，把首领之枪左右横扫，更以"鲤鱼叠脊"之技把敌首之枪击落。

民国初年，受聘于孟县桑坡清真寺任阿訇。水应龙在《七十二自述》中写道："先兄少波医术虽逊于余，武则不分伯仲。当入痒时县试定案首，试院拔第一，其技击之功较余尤深，而经则专力致之，至于心仁骨傲，胸襟磊落，又带先父之遗风焉。"

水应龙，约生于咸丰六年（1856年），终年88岁。镇平县柳泉铺水沟村人，字灵甫，别名八府。同治年间，水应龙10岁时开始习武，与唐万义之子唐九洲是结拜兄弟，有"八府九洲"之称。亦是为了高名标榜，用名"八府九洲"以看高低。为此水应龙专心精武，最终夺得武痒生桂冠。而九洲屡试不第，后铤而走险，终被清军处死牢笼。水应龙晚年回忆之，尚且唏嘘不已。

水氏有"家传四训"，即"诵我教之经，练强身之武，读儒道之书，习救人之医"。水应龙随父学医，遵守四训，其《自述书》中写道："四事相传，世袭勿替，对于经虽未能窥其堂奥，然我教之种种条款，无不略识门径。对于书虽未知深于造诣，然儒道之一切，过目无不摄要遵行。对于武虽未能拔山扛鼎，然于弓、马，能以院首跃进武痒，府试宛郡五百斤之石，鼓举不动色，应试汴恒三百石之硬弓折为两断，未能中也，是由命焉，非人力所能强也。与技击之刀枪拳棒，纵未能捷如轻猿，迅若飞隼，与侪辈相交未当落后。至于医术尤称三折肱也。伏思医通神道，关系綦重，有燮理阴阳之责，济世寿民之勋，权操生死，品埒良相，非有胞与之量，不能推行尽致，非下刻苦之功，难期臻于上乘。余既从事于斯，岂可甘任庸流窃居虚名，以刀圭作钩财之饵，以人命为儿戏之具乎。"水应龙，清末时来南阳行医，开药店"化育堂"，遂定居南阳。

在水普慈老师的《回忆录》上写道，祖父常说在儒学上没受明师所教，不会咬文嚼字。有一次，（水普慈）老师让其祖父在他的纸扇上画画题字，其祖父用笔画墨兰一株，题诗曰："一株幽兰用笔栽，不经风雨四时开，年年翠绿不凋零，可惜无香蝶不来。"（以上根据马雷石老师整理的资料，水普慈先生《回忆录》《南阳市民族宗教志》改编整理）

水氏心意六合拳的传人水普慈先生，毕业于河南省师范专科学校，曾担任过小学教师、校长。解放前在天主堂办之西满女中任教，新中国成立后被分配在南阳中学任教，"文革"后，调入南阳市第五中学和南阳市教育局，编写《南阳教育志》和地方史志。曾荣获南阳市修志先进工作者称号。

水普慈先生是位文武双全的心意前辈，师承其祖父水应龙先生。老年时传艺于南阳市武协副主席、邓州市武协主席、河南省非物质文化遗产邓州心意六合拳代表性传承人马雷石老师（主任医师）。

水普慈先生生于1920年，归真于2005年9月9日，享寿86岁，葬邵沟村。笔者与心意六合拳学者李昌先生、马雷石老师参加了水老的百日立碑仪式。本书所演练的五郎棍（又名十三把）就出自水氏家传的心意拳体系，经马雷石老师传播后，已在多地普及。

马步衢，回族，生于清嘉庆十八年（1813年），光绪二十六年

(1900年）归真。是辛未科武状元马殿甲（据说为张志诚阿訇的弟子）之子，将门虎子。从李祯、刘万义、唐大用三位大师学习武艺。曾与水观澜父子一起打过捻军。因为拒绝与南阳知府合作卖官搞创收的事宜，被南阳知府陷害，最后凭智勇扳倒了当时的南阳知府。

作者曾看到《清会典台湾事例礼部》中记载有马步衢的事迹。道光十三年谕：上年冬间福建台湾逆匪张丙等戕官围城，贼党窥觑斗六门，屡次攻扰。署守备马步衢筑建围栅、开浚沟濠，与县丞方振声协力抵御；把总陈玉威乘贼未备，施抛火器以遏贼势。贼众贪夜纵火，蜂拥而入；马步衢等持刀巷战，各杀毙数贼，力竭遇害。方振声着加恩照阵亡知府例赐恤，赐谥"义烈"赏给骑都尉世职。马步衢着加恩照游击例赐恤，赐谥"刚烈"赏给骑都尉世职。陈玉威着加恩照都司例赐恤，赐谥"勇烈"赏给云骑尉世职。幕友沈志勇赏给六品职衔，伊子沈联辉赏给七品职衔，均着加恩照例赐恤。俱入祀京师昭忠祠。又议准：剿办台匪阵亡副将周承恩入祀。——以上见《钦定大清会典事例》卷四百四十九。

直省功臣专祠道光十三年，敕建福建台湾县丞谥"义烈"方振声、署守备谥"刚烈"马步衢、把总谥"勇烈"陈玉威祠于斗六门。咸丰五年，敕建福建彰化县知县高鹏飞祠于台湾县城。——以上见《钦定大清会典事例》卷四百五十三。

注：一开始，作者以为，此马步衢为武状元马殿甲之子，后来发现，年代是不相符的，疑为时代相近的同名之人。因为道光二十八年（1848年），马殿甲年老辞官还乡时，马步衢还曾回家商议家务之事，不可能会出现在道光十三年谕所说的"上年冬马步衢等持刀巷战，各杀毙数贼，力竭遇害、赐谥'刚烈'赏给骑都尉世职"。

捻军在咸丰、同治在位时期，即西元1851—1868年间活动于河南南阳一带。据马雷石老师公开的资料显示，马步衢生于清嘉庆十八年（1813年），光绪二十六年（1900年）归真。"同治四年

(1865年），捻军在邓州穰东作乱，唐万义同马步衢、阿訇水观澜（父子）一起抵抗捻军，把捻军打退到镇平团结乡刘庄村几十公里。"这说明，自道光二十八年至同治四年这17年间，马步衢是健在的。

清宣宗道光二十八年（1848年），其父马殿甲年老辞官还乡。第二年6月，马殿甲病重，马步衢回家商议家务之事。由马殿甲口述其一生经历和主要事迹，马步衢整理成《行述》。

马殿甲（1777—1849），清代名将，字捷三，号肃斋，回族，河南邓州人。河南首位武状元。行述皇清诰授振威将军，提督广西全省水陆等处地方军务，节制各镇，加三级赏戴花翎。嘉庆丁卯遂捷于乡，辛未会试以第一名武进士钦点一甲一名武状元，授头等侍卫。和水家是亲戚关系。据说，马殿甲曾跟张志诚阿訇学心意拳。

曾授陕西黄埔游击，延安护理镇总兵，调乌鲁木齐济木萨营参将。直隶总督琦奏请补保定营参将，河间副将，荐升广东南韶镇总兵，官授权广东陆路提督，施调广西提督，节制各镇，统辖水陆军务。在任四年，兵民禽服，戊申引病归里。归里后不以官势待人处世，而多施以仁爱，平时以勤俭节约自持。生于乾隆四十二年丁酉，卒于道光二十九年己酉，享寿七十有三。为了减轻农民的赋税，曾请道光皇帝免除赐给他的内蒙古石古水口每年征收的马税。道光帝曰："回教人马殿甲一生忧国忧民，爱民如子，哪臣能比？"

在广东期间，参加了鸦片战争对英军的作战，全力协助林则徐抗英禁烟。两人曾为了抗击列强，有过一段对话……林公心中一团犹豫和顾虑，府君（马殿甲）对林公："仕途多年，各个场面都见过，什么风浪都经历过……现怎么突然怕行军作战？"林公平静下来，言道："现战情不同，处处要设防，兵力不足，军情所需也是来不得半点含糊，而现兵权不握，军情急需也无法调遣，现我们每行一步，都要付出巨大的代价。"府君接言："国家兴亡，匹夫有责。生死何所惧？现今外患英夷，内忧鸦片，国运衰微，吏治败坏，贪官恶吏众多，上蒙蔽皇上，下于百姓疾苦而不顾……为了大清国泰民安，子民能安居乐业，战死与心无悔。为天下劳苦子民，尽自己微薄之力，乃是兄一生所愿。"

两人心意相通，感情又融洽，说得也投机，林公哈哈一笑，缓缓地说："生死不过朝夕事而矣……为了大清子民国泰民安，不受外侮而禁烟引起战争，我被砍了脑袋那也于心不悔无怨。"马殿甲笑曰："贤弟难道想通了？如若战事再出现意外，真的不怕再惹恼了皇上？"林公拿起桌上茶杯甩在地上，道："即使如同此杯，林某现已无反悔之意。"于是共同周密商讨，两人兴冲冲同到总督衙门。

林则徐被革职后，赴河南协助饮差王鼎督办河防。次年启程前往伊犁，马殿甲曾托付李祯护送林则徐去新疆，在西峡遇险时，被李祯救下。马殿甲在广西任职期间，曾与李祯等一起慑服过洪秀全等江湖大侠。可参见《心意贴身十八肘》一书，"心意六合拳名师传记篇"中有介绍。

马殿甲之子马步衢是水观澜女儿之夫，与水氏父子皆学艺于唐大用、李祯、刘万义三位明师。两家均为当地之名门望族，水氏家族是书香门第，武医传家，有较深厚的国学修养。水观澜为回教清真寺阿訇，属于教内文化领袖，讲经说法教人向善。他们不以教拳为业，只在水氏家族内部流传。水家的心意六合拳，是集合了南阳张志诚高徒李祯一脉的拳法和洛阳马兴一脉的拳法，还包括开封著名枪师唐大用的中原枪法，是综合了三家武艺而成的，与世传的多个支派有很多不同。体系完备，尤其重视刀、枪等武术器械。

山西的戴家心意拳也属于家族传承，在学习了郏县三郎庙李祯的心意拳后逐渐形成自己的风格。山西戴家、河南水氏家族都是李祯所传，但不同的是水家心意拳包含了南阳系心意拳和洛阳心意拳以及唐氏大枪，很多武艺为别派心意所没有。

水氏心意六合拳传播圈子狭小，保留有心意六合拳械谱，虽然家学深厚，但一直没有大面积的向外传播。水家心意拳及国内的不少重要武艺流派，后来由日本学者发现，在考察和挖掘中国武艺上，日本人的研究精神的确厉害，并且知道中国武术各流派的详细分布情况，实地考察所下的功夫实在令人吃惊。尤其研究心意、八极、形意、八卦、螳螂等国内比较重要的武术体系，其深入程度已超过很多国人。目前，还没有被其真正挖掘完整的，大概只有洛阳心意门，可以说是"最后的秘密功夫"。

中国有很多拳种的传人，互不交流，就是居住在附近的习武者都不一定相互了解。近年来，传统武术并不被国内人士看重，而是在墙外开花结果。如日本、韩国、美国等外籍人士，却一直痴迷中国功夫，学者众多。有些国外武术研究人士对于中国功夫深入的程度很高，技术水平不俗。

第二章　长棍训练篇

棍本是擎天玉柱，上打架海金梁。前打金炉一炷香，背后打金箍铁棒。前打出山猛虎，背后打五虎群羊。上三路插花盖顶，中三路玉女穿梭。下三路翻江倒海，行者棍打遍天下。夜叉三棍人难防，黑旋风又把人伤。二郎担山逢人赶，内有张飞急三枪。要问此棍名和姓，五台山上杨五郎。

作为一般爱好者，五郎棍法可按套路进行练习。但门内人多不走套路练习，须棍棍打熟应对四面八方，每一棍的练习如同拳术一样，均以单把的形式做反复的练习，注重发力技术与实用效果，不做跳跃舞花等动作。熟练后每一势可任意组合，完全可以发挥自己的想象力和创造力，没有太多的条条框框束缚人的思想，非常自由。学习一个门派的套路并没有多少难度，动作完成的质量是习艺者的研究重点，找寻具有规律性的、具有普遍意义的训练方法才是习学武艺的关键所在，而不是做会打数百个流派、几百套拳套子的拳奴。习武人应该关心训练方法的实用性和科学性。

《纪效新书·拳经捷要篇》指出："大抵拳棍刀枪钗钯剑戟弓矢钩镰挨牌之类，莫不先由拳法活动身手。其拳也，为武艺之源。"明代将领何良臣在《阵纪》中说："学艺先学拳，次学棍。拳棍法明，则刀枪诸技，特易耳，所以，拳棍为诸艺之本源也。"

南阳系心意拳入门的基本功，为心意拳"六艺"的训练，这是南阳系心意门最重要的功法，是学习拳术以及各种器械的基础，也可在练习六艺的同时进行大枪的训练。具体盘练方法，可参考《心意六合拳十二大势发力与技击》一书。

下面先将五郎棍法以套路的形式介绍给大家，作为入门前一个小小的练习，以便提高趣味性。套路的练习结束后，再将每一式的单式练习方法作一介绍，以便明晓发力与变化等主要知识。然后，在十大真形中再一一体现出来，用真实的体验，让大家真正弄明白拳与兵器之间的关系。当你真正弄懂了拳术与器械的关系之后，就没有什么不会使用的器械了，即使没有见过的器械，稍作研究就能抓住重点。

第一节　五郎棍演练

1. 起势

左手抱棍，侧身站立（图 2-1-1）。

疾步践窜头拳或推一个单把也可以。左脚先向前踩进一步，紧接着右脚过左脚向前踩出一步，动作不停，右脚刚一落地，左脚就急过右脚向前踩出一步，右脚在后紧随半步，保持重心的稳固；同时，右拳打一把提挎劲。南阳心意有"打横拳（南阳方言发音为：吽拳）如挎篮""起横不见横"之说，与形意拳的横拳劲力不同，"身法为起横落顺，脚法为起顺落横"（图 2-1-2~图 2-1-4）。

图 2-1-1

[说明] 不管是南阳系心意还是洛阳系心意，器械演练前的标志性动作一般是横拳或单把。在洛阳心意的六合刀中有一把，洛阳六合枪、棍、雁翎刀中没有。在各地区的四把捶中，这也是普遍性

图 2-1-2

图 2-1-3

图 2-1-4

规律。如果常常以某个动作开始或者在套路中总是重复某个动作，这是在提醒你，在本拳派中就是比较重要的动作。经过严格创编的古典套路都会考虑到这一点，不重要的动作不会总是重复。而这个规律不只是心意门，也基本适用于所有的中国拳派。

南阳系心意有一个显著特点，前脚经常虚点地面，也就是常说的"虚则灵，灵则利于变化"，与南阳谢龙德先生所传少林心意把的悬脚道理一致，主要为了便于进退、变换方向。在练功过程中，这样做会对协调性、平衡能力有所提高，也能起到增强腿部力量的作用，有点像笔者学过的混元桩（与市面上流行的混元桩不同）。

心意拳基本是侧身对敌，侧身受敌面小。前脚虚悬、脚尖点地，是取鸡的独立本能，利于前后、左右移动重心，进退时变化灵活。在练功时，前虚后实，重心在后腿，两脚尖均要内扣，两膝、胯要内裹、合劲，形成抱合之劲，看着难看，但有多种技击含义。头顶项竖，两肩放松下沉，舌抵上腭，下颌内收，牙齿扣合，含胸拔背，三尖相照，呼吸自然，目视前方。孙和尚传南阳谢龙德先生的少林心意把也有侧身、悬脚的特点。

由于传承久远，师承不同，当今各支心意拳的区别是比较大的，包括外在和内在的要求都很不相同。譬如，南阳心意虽然源自洛阳心意门，但还是与洛阳心意有很大的不同。形意拳出自戴家的心意拳系统，外在形式上彼此却有着极大的差别。这让很多初学者，也包括不少习武多年者都无所适从，迷惑不解。各支教拳的老师也会根据自己的师承来分辨彼此的优劣，由于每个人的学识、见解不同，思想差别较大，历来难以达成真正的共识，其实，也不大可能达成共识。就像太极的入手方法就和心（形）意、大成（意拳）、少林、八极、劈挂、通背、查拳、螳螂、七势拳、六路钻、十八肘等阳刚的拳种有极大的不同，八卦掌则介于两者之间。如果你不局限于一门一派，对其他不同形式的拳派也有所赞同、有所了解，就不难理解形式上的各种不同。因为功夫高低，有时很难用形式的不同来划分的，每个拳派或每个传人或多或少都有可取之处，很难完全否定。心意拳的分支的确太多，让人眼花缭乱，但内行人还是能辨别一二的。

2. 擎天柱棍

双手持棍。右手在前，以棍头由上向下劈击（图2-1-5）。紧接着，反手以棍尾由上向下劈击（图2-1-6）。紧接着向右侧身后运动至双手持棍上举，右手在上，左手在下；左脚虚点地（图2-1-7）。

图2-1-5

图 2-1-6

图 2-1-7

3. 上架棍

左脚先向前踩进一步，紧接着右脚过左脚向前踩出一步；同时，双手持棍由上向下劈打，右手在前，左手在后（图 2-1-8）；紧接着，左脚过右脚向前踩出一步，脚尖着地，右脚紧随半步；同时，左手向上推棍尾横架棍（图 2-1-9）。

图 2-1-8

图 2-1-9

4. 朝天一炷香

以头领身,身带步,左脚寸步向前踩进,脚尖着地,右脚在后紧追半步,成立身中正之势;同时,双手持棍向前下方劈打,右手在前(图 2-1-10);紧接着迅速提起左脚;双手持棍将棍竖起,主旨是防护下盘;左手在下,右手在上(图 2-1-11)。

图 2-1-10

图 2-1-11

5. 返身连续劈棍

左脚向前踩落一步(扣步),身体向左转 180°;同时,棍向前下劈击(图 2-1-12),顺势反手以棍尾再向前劈击(图 2-1-13),以棍头再做劈击(图 2-1-14);紧接着,身体右转返回原来之方向;左掌向前伸出,右手在后成背棍式(图 2-1-15)。

图 2-1-12

图 2-1-13　　　　　　图 2-1-14

图 2-1-15

6. 上步劈棍 / 翻身劈棍

接上势。左脚先寸步踩进一步，紧接着右脚过左脚向前踩出一步，脚尖着地；同时，右手持棍由后而起，由上向前下方劈棍；成右侧身之势（图 2-1-16）。

图 2-1-16

承上势。以右脚为轴,左脚提起,身体向左后转;双手持棍由下向上撩起(图2-1-17)。

图 2-1-17

动作不停。身体继续转动至180°时,左脚向前踩落一步,脚尖着地,右脚在后紧追半步;同时,棍尾、棍头接连向前劈打,身体成左足在前的拗势姿势(图2-1-18、图2-1-19)。

图 2-1-18

图 2-1-19

7. 返身五虎群羊

接上势。以左脚为轴，身体向右后转，右脚提起；同时，棍头随身体的转动在上面划圆横扫（图2-1-20）；紧接着，右脚向前踩进一步，脚尖着地，内扣15°，左脚在后紧追半步，成立身中正之势；同时，双手持棍，向上划逆时针圆后做劈击发力，或以棍头发力前刺（图2-1-21）。

图2-1-20

图2-1-21

8. 返身插花盖顶

接上势。身体向左转,变为左脚在前;同时,棍由上而向左下侧斜劈(图2-1-22);动作不停,右脚过左脚向前踩落一步,脚尖着地,内扣15°,左脚在后紧随半步;同时,以棍尾由上向右下侧斜劈(图2-1-23);紧接着,左脚过右脚向前踩落一步,再以棍头由上向左下侧斜劈。前后两棍做交叉状劈打,故名"插花"。主攻上盘便为"插花盖顶"(图2-1-24)。

图2-1-22　　　　　　图2-1-23

图2-1-24

9. 玉女穿梭

承上势。右脚过步向前踩进,左脚在后紧追半步;同时,左手拧棍向前穿出,右手在前松握棍体(图 2-1-25、图 2-1-26)。

图 2-1-25

图 2-1-26

10. 翻江倒海

左脚过右脚向前踩落一步,同时,左手推棍尾,由下向前上方撩击(图 2-1-27);紧接着,右脚过左脚向前踩落一步,同时,右手推棍头由下向前上方撩击（图2-1-28）；左脚再过右脚向前踩落一步，同时，左手推棍尾由下向前上方撩击（图2-1-29）。

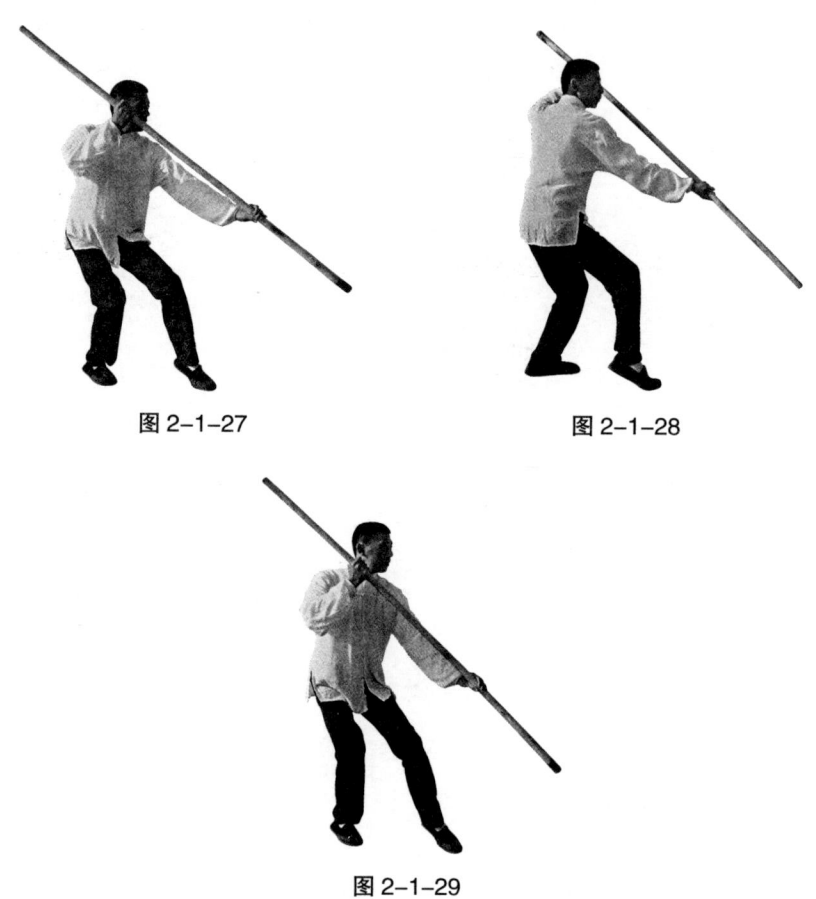

图2-1-27　　　　　　图2-1-28

图2-1-29

11. 返身连续劈棍／返身劈棍

以左脚为轴，身体向右侧身后转身，右脚提起，同时，随返身之势，以棍头向右侧划圆横击（图2-1-30）。紧接着，右脚落步下踩，同时，以棍尾向前劈击（图2-1-31）。再以棍头向下劈击（图2-1-32）。

图 2-1-30

图 2-1-31

承上势。以右脚为轴,身体向左侧身后转身成背棍势(图 2-1-33)。紧接着,由上向左下侧劈击,身体成左足在前之拗势(图 2-1-34)。

图 2-1-32

图 2-1-33

图 2-1-34

12. 夜叉三棍

接上势。左脚向前踩进一步，脚尖着地，同时，左手握棍由上向右下侧劈击（图2-1-35）。紧接着，右脚过左脚向前踩进一步，同时，右手握棍以棍头由下向左上发力斜撩（图2-1-36）。左脚快速过右脚向前踩出一步，脚尖着地，内扣15°，右脚在后紧追半步成立身中正之势，同时，左手握棍，由下向右上方发力斜撩，身体成左足在前的顺势姿势（图2-1-37）。

图2-1-35　　　　　　图2-1-36

图2-1-37

13. 旋风棍

接上势。以左脚为轴,身体向右后转身,同时借转身之势,双手持棍在上方向右侧划圆平扫(图 2-1-38)。动作不停,双手持棍划圆,反手向右侧平扫(图 2-1-39、图 2-1-40)。

图 2-1-38

图 2-1-39

图 2-1-40

承上势。以右脚为轴，身体向右后侧转身。同时，借转身之势，双手持棍在上方向左侧划圆平扫（图2-1-41）。动作不停，划圆后仍然向左平扫（图2-1-42~图2-1-44）。因为在每一势的两次扫击中需划圆发出旋转之力，且又来势凶猛，故称为旋风棍。

图2-1-41　　　　　　　　图2-1-42

图2-1-43　　　　　　　　图2-1-44

14. 二郎担山

接上势。右脚过左脚向前踩出一步,同时,双手持棍向上捧起(图 2-1-45)。动作不停,左脚提起,身体左转 180°,左手持棍高举过头后担于左肩头(也可不必放于肩头)(图 2-1-46)。动作不停,左脚过右脚向前踩出一步,脚尖着地,紧接着,右脚过左脚向前踩出一步,同时,双手持棍向前扎出(图 2-1-47、图 2-1-48)。

图 2-1-45　　　　　　　　图 2-1-46

图 2-1-47　　　　　　　　图 2-1-48

15. 急三枪

接上势。右脚向前踩出一步，左脚在后紧追半步，成立身中正之势，同时，左手持棍向前上方扎出（图 2-1-49、图 2-1-50）。动作不停，重复上述动作两次。扎出之枪可分别攻击上中下三盘。可做三角步进行攻击，变化随心所欲。图略！

图 2-1-49

图 2-1-50

第二节　五郎棍单式发力及变化

1. 擎天柱棍

擎天式起（图 2-2-1）。以头领身，身带步，右脚过左脚向前踩出一步，脚尖着地，同时，双手持棍由上向左下侧劈击，右手在前，左手在后（图 2-2-2）。动作不停，左脚过右脚向前踩出一步。脚尖着地，内扣 15°，右脚在后随追半步，左手推棍尾，由上向右下方劈打后顺势变为擎天式持棍（图 2-2-3、图 2-2-4）。如此走直线向前重复刚才的练习即可。以上为劈棍后变为擎天棍式。也可右手撩棍再紧接左手劈棍变擎天棍式。图略！当练至场地尽头须转身

图 2-2-1　　　　　　　　图 2-2-2

图 2-2-3　　　　　　　　图 2-2-4

再向回练习。

转身式练习方法：接上势，右脚向前踩出一步，同时，棍由下向上撩起，右手、右足在前（图2-2-5）。紧接着身体左转180°，同时，双手持棍由上向左下方劈击，右手在前，左手在后（图2-2-6）。紧接着，左手推棍尾由上向右下方发力劈击，恢复成擎天式（图2-2-7、图2-2-8）。

图2-2-5　　　　　　　　图2-2-6

图2-2-7　　　　　　　　图2-2-8

【劲意】棍术发力与拳术发力的道理相同，须后脚蹬地，头上领，腰部旋转来带动手臂发力。练习中最初不必求快，要将每势的劲力打出，不要一带而过。此势中有劈撩之劲。在变擎天式时，有顾右侧身后的劲意。劲力为上抄之劲。

2. 上架棍单式练习方法

擎天式起。左脚先向前踩进一步，紧接着，右脚过左脚向前踩出一步，同时，双手持棍由上向下劈打，右手在前，左手在后（图2-2-9、图2-2-10）。紧接着，左脚过右脚向前踩出一步，脚尖着地，右脚紧随半步，同时，左手向上推棍尾横架棍（图2-2-11）。以头领身，身带步，左脚寸步向前踩进，同时，以棍尾向右下方劈击（图2-2-12）。紧接着，右脚过左脚向前踩落，左脚在后紧追半步，同时，右手推棍头向上横架（图2-2-13）。

图2-2-9

图2-2-10

图2-2-11

图 2-2-12　　　　　　图 2-2-13

3. 转身式

　　以右脚为轴,身体向右侧身后转身,同时,双手持棍,借身体的旋转力,由上向左下方发力劈打(图 2-2-14)。以头领身,身带步,左脚寸步向前踩出一步,右脚在后紧追半步,同时,左手推棍尾向上横架(图 2-2-15)。如此循环练习即可。

图 2-2-14　　　　　　图 2-2-15

【劲意】此势含劈劲，上架之劲，上架之劲中含有前推、侧击之劲，练习中要将三种劲体现出来。返身顾后之棍要棍随身转，返身就打，如猛虎回头。

4. 朝天一炷香

擎天式起势。以头领身，身带步，左脚寸步向前踩进，脚尖着地。右脚在后紧追半步，成立身中正之势，同时，双手持棍向前下方劈打，右手在前（图 2-2-16、图 2-2-17）。紧接着，迅速提起左脚，双手持棍将棍竖起，主旨是防护下盘，左手在下，右手在上（图 2-2-18）。左脚向前踩落一步，右脚紧跟半步，同时，双手持棍，由下向前上方撩打，右手在前，左手在后（图 2-2-19）。紧接着，双手将棍竖起，左手在下，右手在上。左脚提起，右腿支撑重心（图 2-2-20）。如此循环向前练习即可。练至场地尽头时可过步劈棍，返身擎天式后再向回继续练习。也可以在过步劈棍后直接变朝天一炷香。

图 2-2-16

图 2-2-17

图 2-2-18　　　　图 2-2-19　　　　图 2-2-20

5. 返身擎天式

擎天式起。左脚先向前踩落一小步，紧接着，右脚再过左脚向前踩落一步，同时，双手持棍，由上而下进行劈击，右手在前（图 2-2-21、图 2-2-22）。以右脚为轴向右转身，同时，双手持棍由下向上撩起，右手在前（图 2-2-23）。棍尾向下劈落后变为擎天式（图 2-2-24、图 2-2-25）。重复前面的单式练习即可。

图 2-2-21

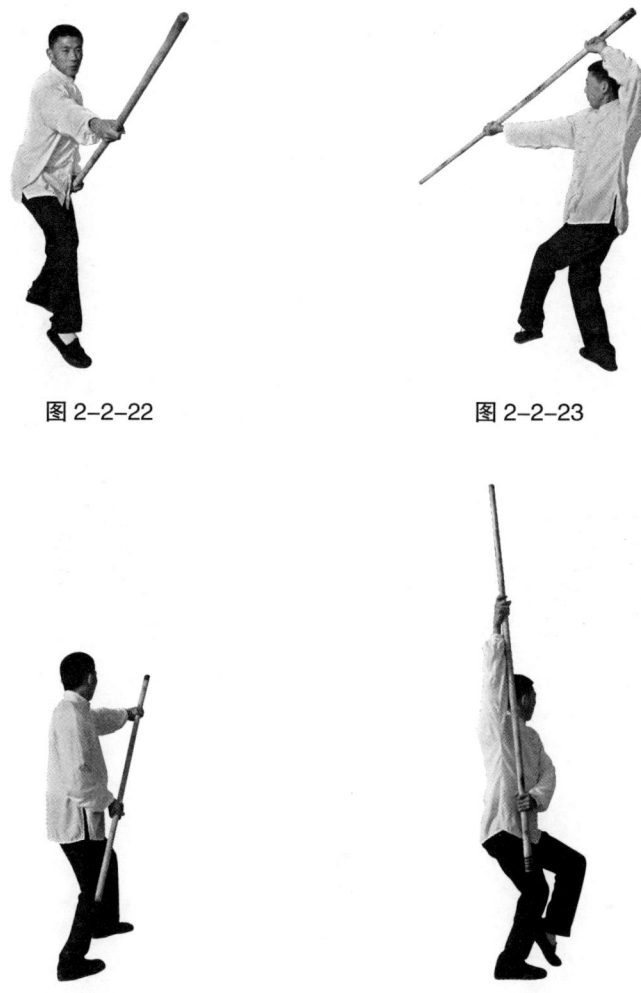

图 2-2-22　　　　　　　　图 2-2-23

图 2-2-24　　　　　　　　图 2-2-25

6. 返身朝天一炷香盘练方法

朝天式起。左脚先向前踩落一小步，紧接着，右脚再过左脚，向前踩落一步，同时，双手持棍由上而下进行劈击，右手在前

(图 2-2-26、图 2-2-27)。以右脚为轴向左转身,同时,左脚提起,随身体的旋转,双手持棍将棍头朝下向左侧划圆扫击,右手在下(图 2-2-28)。

图 2-2-26

图 2-2-27

图 2-2-28

7. 玉女穿梭单式盘练法

右手右足在前，双手持棍，棍头指前（图 2-2-29）。以头领身，身带步，右脚向前踩出一步，左脚虚提，同时，左手握棍，由右手中滑动向前穿出，以棍头发力向前刺击（图 2-2-30）。紧接着，身体左转180°向前移动左脚，右脚虚提，同时，右手握棍，经

图 2-2-29

图 2-2-30

左手向身后穿出，以棍尾发力刺击（图 2-2-31）。承上势，右转身体 180°，以头领身，身带步，右脚向前踩出一步，脚尖着地，左脚虚提，同时，左手握棍，经右手滑动向前穿出，以棍头发力向前刺击（图 2-2-32）。如此循环进行练习即可。当熟练之后，可以走四门八方随心所欲地进行训练，以适用于群战。此种身法常令人眼花缭乱，有很强的实战性。对习练者本身来说，能提高学习兴趣，增加成就感。当熟练掌握基本动作之后，就不必按图练习，完全可以任意变化，进行指东打西、忽左忽右的种种练习，切不可将书中方法看成固定化、模式化了的教义。

图 2-2-31

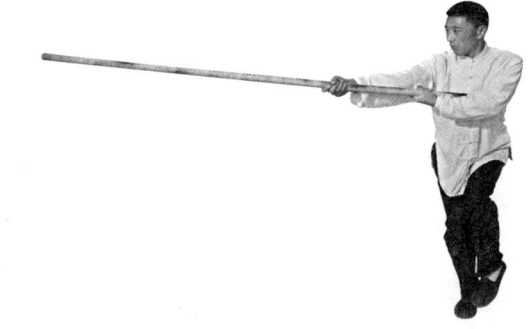

图 2-2-32

锻炼方法如下：接上势。左脚过右脚向前踩出一步成扣步，同时身体右转180°（图2-2-33、图2-2-34）。紧接着右脚急速向前踩进一步，左脚虚提，同时，左手握棍，经右手向前滑动螺旋拧钻而出（图2-2-35）。

图 2-2-33　　　　　　　　图 2-2-34

图 2-2-35

承上势。左脚向左侧90°处横开一步，右脚虚提，同时，右手握棍，经左手滑动穿刺，棍尾发力（图2-2-36）。右转身体，以头领身，身带步，右脚向前踩出一步，脚尖着地，左脚虚提，同时，左手握棍，经右手向前滑动，螺旋拧钻而出（图2-2-37）。

图 2-2-36　　　　　　　　　图 2-2-37

承上势。左脚向左侧 90°处横开一步，右脚虚提，同时，右手握棍，经左手滑动穿刺，棍尾发力（图 2-2-38）。右转身体，以头领身，身带步，右脚向前踩出一步，脚尖着地，左脚虚提，同时，左手握棍，经右手向前滑动，螺旋拧钻而出（图 2-2-39）。至此又恢复至起始位置。如此循环练习即可。以上只是将五郎棍中有代表性的几式作了介绍，其余各式可依此类推，希望朋友们举一反三，能思考其他变化。

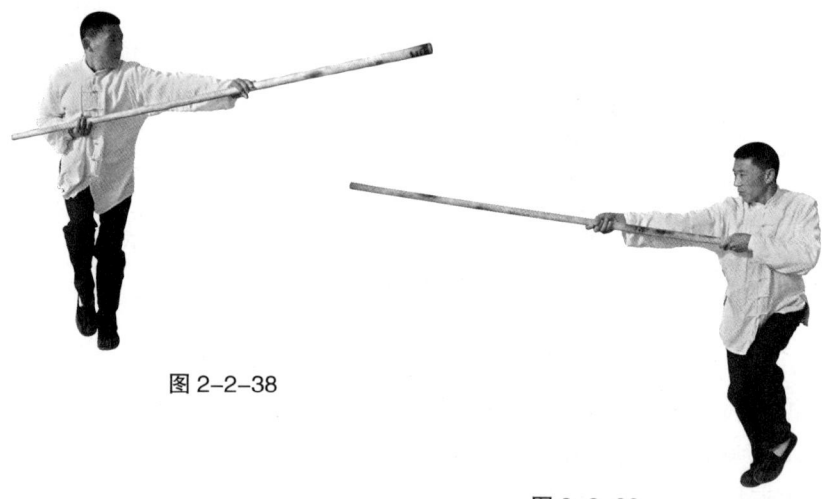

图 2-2-38　　　　　　　　　图 2-2-39

第三节　长棍在十大真形中的体现

1. 长棍龙形发力

右手右足在前，双手持棍，棍头指向前方（图 2-3-1）。以头领身，身带步，右脚向前踩出一步，脚尖着地，左脚在后随追半步，成立身中正之势，同时，腰部向右旋转；双手持棍，以棍尾部位发力，由左向右平扫发力（图 2-3-2）。

承上势。以头领身，身带步，左脚过右脚向前踩出一步，脚尖着地，内扣 15°，右脚在后随追半步，成立身中正之势；同时，腰部向左旋转，双手持棍，以棍头部位发力，由右向左平扫发力。（图 2-3-3）

图 2-3-1　　　　　图 2-3-2　　　　　图 2-3-3

【劲意与动作要领】在劲意中，龙形棍主旨是锻炼练功者旋腰之力，但与每一式一样，都要节节贯穿发出整体的劲力。不能只做手臂部的打击动作。如果那样做的话，就降低了锻炼的效果，失去了练习发力的意义了。本篇主旨在于锻炼发力，技击应用暂不作讲解。做动作时要借助后脚蹬劲、头向前上方的领身之力，加之旋腰之力，将其合在一起，共同促进棍体发出整体劲力。由于木棍较轻，与拳术的锻炼效果基本一样，基本属于一种阻力较小的锻炼方法，对初学者来说不容易出现伤害性事故，也不影响速度，相对比较安全。但随着功力的加强，力量的增长，这种锻炼方法就起不到太大的作用了。当然对于健身则是没有问题的。持较重的器械进行练习，可有效强化拳手的实力和增强爆发力量。但要注意，要在不影响速度的重量下才是最有效的，如果器械的重量已使习练者使用起来非常吃力的话，这样的训练无助于拳术中爆发性力量的增长，但会对加强习练者的一般性力量和肌肉体积有些帮助，但是并不太适合搏击。所以，拳手的锻炼并不过分去强调发展最大力量，发展出过于肥大的肌肉。因为正常人的体质足可以杀死一个人。武林中有很多体质瘦弱的前辈，都能发出很强的劲力。洛阳心意门的金黑彦先生能在比武中轻松抓起近200斤的心意门壮汉；形意门的郭云深、尚云祥、王芗斋都能发出整体的爆炸力，并且功力很大，在武林中有都有着很高的地位和巨大影响力，但是他们的身体外形都很普通。马宏宪老师说："金黑彦个子不高大、长得稀瘦稀瘦的，谁也不相信他长的这个样子会有功夫。"重点锻炼最短时间内的爆发性力量是武功锻炼的重点之一。如果只是为了健身或是健美身体，则不需要特别加强爆发性力量的锻炼。相对来说持续较长时间的拳术锻炼和做一些其他任何形式的有氧运动都是很好的健身方法。爆发性力量的锻炼则需要在速度和体力下降的情况下稍事休息。

2. 长棍虎形发力练习

起式以右手足在前为例。双手持棍，棍头指向前方，以头领身，身带步，右脚寸步向前踩进一步，左脚在后随追半步，成立身中正之势；同时双手持棍，向后下方按压后，棍头由下向前上方发力（图 2-3-4~图 2-3-6）。练至场地尽头，可上步转身再向回进行练习，也可换成左式进行练习。

图 2-3-4　　　　　图 2-3-5　　　　　图 2-3-6

转身方法：承上势。左脚向前踩出一步，脚尖着地成扣步，同时，身体向右转动180°；双手持棍，以棍头部位由左向右横扫发力（图 2-3-7、图 2-3-8）。可继续练习右式（图 2-3-9）。也可左脚过右脚向前踩出一步，脚尖着地，内扣15°，右脚在后紧追半步，成立身中正之势；同时，左手推棍尾，由上向下劈按后，棍尾快速由下向前上方发力。图略！

图 2-3-7　　　　　图 2-3-8　　　　　图 2-3-9

【劲意与动作要领】 虎形之劲为一把扑劲和转身横扫之劲，往往与鹰形合在一起进行练习。扑劲要以虎抱头的劲意领动全身做出发力动作。所以，在向前扑击时，重点体会虎抱头的领劲。转身横扫要棍随身转，借全身之力发出，并要身体重心下降，有虎蹲山沉稳之劲意，时刻保持身体重心的稳固。如同中庸之道理，要时刻保证不偏不倚，立身中正。做人做事如此，锻炼也是如此。

3. 长棍鸡形发力练习

以右手右足在前为例、双手持棍，棍头指向前方；以头领身，身带步，左脚过右脚向前踩出一步，脚尖着地，内扣15°，右脚在后紧随半步，成立身中正之势；同时，左手推棍尾，由下向前上方撩打（图2-3-10、图2-3-11）。

承上势。右脚过左脚向前踩出一步，脚尖着地，内扣15°，左脚在后紧随半步，立身中正；同时，右手推棍头，由下向前上方撩打（图2-3-12）。如此循环向前练习即可，走直线、三角、圆形随心所欲。练至场地尽头，可参考前面虎形之转身方法转身后，再继续进行练习。

图2-3-10　　　　　图2-3-11　　　　　图2-3-12

【劲意与动作要领】 鸡形主练步法。要知在技击中裆部是非常容易被攻击到的，踩鸡步之要求是平起平落，行步如犁地。拳经云："如虎落之无声。"行进中注意掩裆护胯，忌将裆部敞开。前脚尖内扣，两膝要向里抱合，落地时心意门中称为踩步。五趾下踩抓住地面。即拳经所云："足落如鹰捉是也。"练棍时力发向前上方，棍须借身势进行发力。并要体会拳经之"脚打踩意不落空，消息全凭后脚蹬"。

4. 长棍鹰形发力练习

以右手右足在前为例。双手持棍，棍头指向前方；以头领身，身带步，左脚过右脚向前踩出一步，脚尖着地，内扣15°，右脚在后紧随半步，立身中正；同时，左手持棍尾，反手向前方右下侧发力劈击（图2-3-13~图2-3-15）。

图 2-3-13

图 2-3-14

图 2-3-15

承上势。右脚过左脚向前踩进，脚尖着地，内扣15°，左脚在后紧追半步；双手持棍，以棍头发力向下劈击（图2-3-16、图2-3-17）。

图2-3-16　　　　　　　　图2-3-17

【劲意与动作要领】 此势为下劈之劲，要打一把恨天无把的劲意，有欲将天拽塌的劲意，并含有向后下方捋带的劲力。发力时要双臂向下发力，而头要向上领起，使上下形成对争力。落地时要脚踩如鹰捉，全身合力发出此把劲意，脚落同时将力发出。如拳经所云："手到脚也到，打人方得妙。"这也是所有发力动作的关键所在。

5. 长棍鹞形发力练习

右手右足在前为起势。双手持棍，棍头指向前方；以头领身，左脚过右脚向前踩出一步，脚尖着地，内扣15°；同时，左手推棍尾，由上向下劈击（图2-3-18、图2-3-19）。身体向右后方180°转体；随身体的转动，棍头由下向前上方钻起，如鹞侧翅后一飞冲天，钻打瞬间，头向左侧180°看去（图2-3-20、图2-3-21）。重复开始时的动作进行练习即可。

图 2-3-18　　　　　　　图 2-3-19

图 2-3-20　　　　　　　图 2-3-21

注：左脚过右脚时，右脚也可先向前踩出一小步后，左脚再过右脚。

【**劲意与动作要领**】心意拳门中所模仿之十种飞禽走兽名曰"十大真形"，非十种动物外形。在心意中以取其劲意为主旨，而没有丝毫外形上的相像。心意拳认为鹞之能在于疾速灵活，侧身入林、翻身又钻天等灵敏的动作是拳手要吸取的劲意。劈棍后又翻身顾后，在外形上就是入林与翻身钻天的劲。在人体的各种行动当中，若没有意念的东西，那么做出来的动作则是机械的、没有内涵的。有些动物不是我们容易见到的，有的甚至是神话传说中的动物。那么练功时怎样理解它的真形而做出质量较高的动作来呢？用心做事的人善于展开想象，想尽一切办法来开发身体的能量，不管它是不是真实的。信仰本身并不重要，我们最终要通过这种意念完成我们既定的工作。完全讲求意念，则导致意念过重，很容易坠入到神神鬼鬼当中，身心耐受力不强或是天生机能不佳者，很容易导致心理及生理的疾病，而练功不加意念又不爱思考的人，不管是健身效果还是搏击能力又会受到影响。像心意拳的身法要求"中正"，儒家思想要求"中庸"一样，做事既不能做得不够，又不能做得过了火，要不偏不倚，火候正好。

6. 长棍燕形发力练习

以右手右足在前为起势。双手持棍，棍头指向前方；以头领身，身带步，右脚先向前踩出一小步，随即左脚过右脚向前踩出一步，脚尖着地，内扣15°，右脚在后紧追半步，立身中正；同时，双手持棍，以棍头发力，由下向前上方抄起，如燕子触水一沾而起（图 2-3-22、图 2-3-23）。顺前抄之势，将棍尾朝前，左手在前，右手在后（图 2-3-24）。

图 2-3-22

图 2-3-23　　　　　　　图 2-3-24

承上势。右脚过左脚向前踩出一步，脚尖着地，内扣 15°，左脚在后紧追半步，立身中正；同时，双手持棍，以棍尾发力，由下向前上方抄起，恢复成起势动作（图 2-3-25、图 2-3-26）。如此循环向前练习即可。

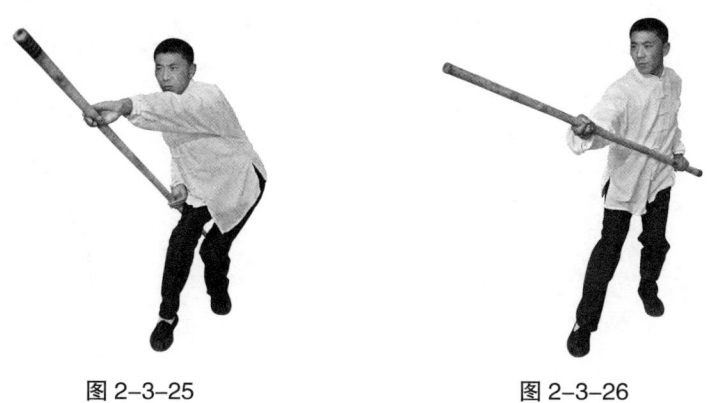

图 2-3-25　　　　　　　图 2-3-26

7. 马形发力练习

以右手右足在前为起势。双手持棍，棍头朝前，双手持棍，向下按棍；右腿提起，全身蓄力（图 2-3-27、图 2-3-28）。紧接着，以头领身,身带步,右脚向前猛踩一步,左脚紧追半步,立身中正;以棍头发力向前崩打(图2-3-29)。

图 2-3-27

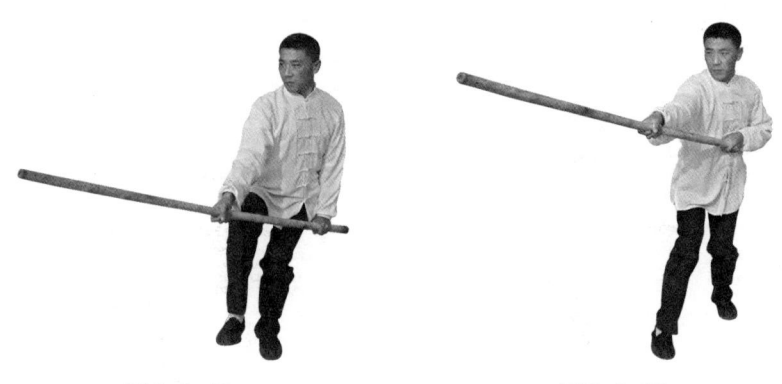

图 2-3-28　　　　　　　　图 2-3-29

承上势。左手推棍尾向前,双手持棍向下按压;左腿虚提起,全身蓄力如箭在弦上(图2-3-30)。紧接着,以头领身,身带步,左脚向前猛踩一步,脚尖着地,内扣15°,右脚紧追半步,立身中正;以棍尾发力,向前直线崩打(图2-3-31)。如此循环练习即可。

图 2-3-30　　　　　　　　图 2-3-31

【劲意】拳谱云："马有疾蹄之功。"练习时要发力疾猛，快速移动，如饥马入槽意欲饮食，疾上加疾。棍头发力如马之蹬踢，前脚踩落时要有马至悬崖如踩刹车之意。后腿紧随，始终保持身体重心的平衡，发力再猛也不能因此而刹不住车，这样才能打出马形的这一把疾劲，才能力发惊炸、摄人魂魄，才能提高技击时的打击效果。

8. 猴形发力练习

以右手右足在前为起势。双手持棍，棍头朝前；身体蹲坐蓄力，用身体将棍拉回，有下按、内裹、捋带之劲意。（图 2-3-32、图 2-3-33）。以头领身，身带步，身体向右前方移动，右脚踩出一

图 2-3-32　　　　　　　　图 2-3-33

步，左脚虚提，悬于右脚侧。同时，棍头向右前方斜线崩打（图2-3-34）。

左手推棍尾朝前，身体蹲坐蓄力，用身体将棍拉回，有下按、内裹、捋带之劲意（图2-3-35）。以头领身，身带步，身体向左前方移动，左脚踩出一步，右脚虚提于左脚侧；同时，棍尾向左前方斜线崩打（图2-3-36）。循环向前练习即可。

图2-3-34

图2-3-35

图2-3-36

【劲意与动作要领】猴形发力及练功的主旨，基本上是锻炼身体的移动能力及束裹之劲。身体下蹲，棍体下压、内裹、捋带为猴束身或称猴竖蹲（注："竖"疑为口音之误，应称为猴束蹲。作者识）在锻炼猴形时须先束身，向前移动时，可称为猴纵身，轻灵快速是此形的身法特点，可以很好地练习出"束展"劲。拳经云："束展二字一命亡。"初练时要追求形体的充分展放，可将动作做得大而夸张一些，当动作完全熟练发力迅猛时，要逐渐将动作缩小，以充分体现猴的轻灵迅猛、攻击快速的身法特点。不如此,则很难达到实用的目的。

9. 长棍蛇形发力练习

以右手右足在前为起势。双手持棍,棍头朝前;以头领身,身带步,右脚向前踩出一步,脚尖着地;同时,双手持棍向前送出,须手臂旋拧发力,棍向前穿出后向右侧发横击之力(图2-3-37、图2-3-38)。

图2-3-37　　　　　　　　图2-3-38

承上势。以头领身,身带步,身体向左前方斜线运动,左脚随即向前踩落一步,脚尖着地,右脚紧随一步;同时,双手持棍,向前穿出后向左侧横击(图2-3-39)。循环向前走之字形步法练习即可。还有诸多变化之法,在此就不一一列举了。

【劲意与动作要领】蛇形之劲意,在此势棍法中可分为两种,一是向前穿击之力如蛇之吐芯;二是向侧发出之力如蛇分草。最重要的是要求习练者在一式动作中体现出这

图2-3-39

两种劲力，而不要分解成两个动作去完成。

10. 长棍熊形发力练习

以右手右足在前为起势。双手持棍，棍头朝前；以头领身，身带步，首先右脚向前踩出一步，脚尖着地，内扣 15°，左脚在后紧追半步，以保持重心的稳固；同时，左手将棍尾由下向上推起，发一把恨地无环的劲力（图 2-3-40、图 2-3-41）。

图 2-3-40　　　　　　　　图 2-3-41

承上势。左脚过右脚向前踩出一步，脚尖着地，内扣 15°，右脚在后紧随半步，立身中正；同时，右手将棍头向前上方撩起（图 2-3-42）。

【劲意与动作要领】此棍之劲意为向上撩打之劲，能有效锻炼上臂根节的肌肉（现代运动中称三角肌，心意拳传统理论称之为膀，为上肢重要的发力部位。具有体积小而力量较大的特点）。练习此势要身体正直，

图 2-3-42

含胸拔背，肩沉肘坠。内意中要体会熊的稳健有力和熊的凛凛霸气。在锻炼肌肉力量的同时也要注重精神力量的修炼。

第三章 短棍训练篇

齐眉棍以下皆可称为短棍。短棍以劈打为主，结合刀、剑的特点可做点、刺、挑的攻击发力。单手短棍可选择棍体较长的进行练习，所谓"一寸长一寸强"。戚继光抗击倭寇时就认识到了这一点，这样更具实用威力。双棍则需轻短一些，以免因棍体过长、过重影响到攻击速度。双棍的使用和训练，是借用了心意拳门中的短重兵器双锏的训练方法。当我们有了一些武功基础以后，就可以通过兵器的构造特点，大概知道其使用原理及使用范围。即使从没见过，稍作研究也就可以明了其中的窍要，所以，没有不会使用的兵器。

双锏属于短重兵器，锏体呈四棱状，可以劈砸、挥击。头呈椎形，可以击刺。大多为铜、铁类金属制造，也可以木头包铁皮。在战争中，由于刀、剑难以破重甲，力大者则以重锏、重鞭攻击坚甲之士，当者无不披靡。使用鞭、锏者均为力士。而如今已没有重甲可破，持木锏、木棍击打人体都能够致人骨断筋折乃至毙命。作为训练，可选择较重的器械以发展力量，实际应用则不必追求过于沉重，因过重影响速度、爆发力。

第一节 单棍在十大真形中的体现

单手短棍含有刀剑之法。双棍就是双刀、双剑。传统武艺中的套路演练，对于器械的持握有一套大致相同的方法。演练单刀套路，在起势时，大多以左手抱刀开始。剑术演练大多以左手背剑开始，演练时一手掐剑诀（来源于道家法术）。有些还要在开始和结束时向观众施礼以示尊重。但我们在学习南阳系心意拳时不注重这些，就连一些基本的起势动作也变得能省就省了，所以，在自己练功的时候可以没有这种表演型的过渡动作，一般以实战姿势持械，或在身前或在身后。一手在前对敌的这种动作，据说其来源是由古代短刀加盾牌的战斗姿态发展而来，以后，即使演练者手里没有盾牌，而这种演练形式也被保留了下来。此势和下面介绍的南阳系唐万义所传的心意拳之猴架藏刀（棍）势基本接近。这类持械姿势，同心意拳脱枪为捶的道理一样，体现出了器械与拳术的联系。基本的原则是保证出械的快速性和实用性。

心（形）意拳在打拳时，虽然是空着手，但拳中是含有器械劲力的（枪劲），这些是外人看不出来的。这种内涵，称"内劲""内力"或"内家拳"都可以。

南阳系的心意拳最初就是从身法（六艺）开始，有了基础，其他的东西一说就明白了。洛阳心意从单把开始，练成功了这个，其他的都容易学。如果贪多学套路，会越学越不上路。老人教拳，往往理论极少，主要是实践出功夫。

下面介绍南阳系心意两种比较常用的实战姿势。一种是器械在身后的猴架藏刀（棍）势，一种是器械在前的四平势。

猴架起势

左脚在前，脚尖虚点地，右足在后支撑重心；左手掌贴于左膝内侧（图3-1-1）。或成立掌自然向前伸出（图3-1-2）。右手提棍在右腿外侧，棍头朝下。此为猴束蹲之劲意，在唐家心意拳系中称为猴架，也可称为虚步藏棍。此势直接来源于刀术，单刀演练多有此势。唐家心意拳在空手演练时，也是以此为起势动作。

图 3-1-1　　　　　　　　　图 3-1-2

四平势

身体下沉蹲坐，右足在前，左足在后，前脚虚，后脚实；双手持械，在右膝上向前伸出，棍头指向敌方。此势源于心意双手剑（十大真形剑），身法则依心意大枪之四平势，其中又有高、中、低之分。习练者应根据情况灵活运用。

1. 单棍龙形发力练习

以猴架为起势。左脚先寸步向前踩出一小步，右脚虚提于左脚内侧，腰部随之向左旋拧；右手运棍向前方左侧横裹，身体如压紧的弹簧（图 3-1-3）。紧接着，右脚过左脚向前猛踩一步，脚尖着地，内扣 15°，左脚在后紧追半步，成立身中正之势；同时，双手持棍向前方右侧横击发力（图 3-1-4）。

图 3-1-3　　　　　　　　　图 3-1-4

承上势。左脚过右脚向前踩出一步，右脚虚脚提于左脚内侧，腰向左旋；右手运棍向前方左侧横裹（图3-1-5、图3-1-6）。紧接着，右脚向前猛踩一步，左脚在后紧追半步，成立身中正之势；同时，双手持棍，向前方右侧横击发力（图3-1-7）。以上动作走直线重复练习即可。也可连续不断地向左侧进步走圆形进行盘练，随心所欲。走直线盘练至场地尽头，可以向左转身后再向回进行盘练。

图3-1-5　　　　　图3-1-6　　　　　图3-1-7

向左转身法：

接上势。身体左转180°；同时，双手持棍，随身体的旋转向左侧横裹（图3-1-8）。紧接着，右脚过左脚向前猛踩一步，脚尖着地，内扣15°，左脚在后紧随半步，成立身中正之势；同时，双手持棍，向前方右侧横击发力。（图3-1-9）

【劲意与动作要领】向左侧横裹为蓄力，向右横击为展放。横裹之力是在圆中发出，兼有上架、旁击、下压、捋带之力。横裹时要极力扭转身体，使右肩领前与左胯在外形上相合，促使右肘与左膝相合、右手与左足相合。这种逆合的锻炼能起到很好的效果。能很快地提高练习者整体移动中的协调性，使身体根节与梢

图 3-1-8

图 3-1-9

节相随、相追、相催，上下形成合力。此势在拳术中称为裹横，可以入刀法、剑法。通过此势的锻炼，习练者也就明白拳术与器械的关系了。

2. 单棍虎形发力练习

双手持棍以四平势起（图 3-1-10）。以身劲将棍拉回，有劈按之劲（图 3-1-11）。借身体的反弹之力身体向前移动，右脚随即向前猛踩一步，脚尖着地，内扣 15°，左脚在后紧随半步，成立身中正

图 3-1-10

图 3-1-11

之势；同时，双手持棍，以棍头发力向前上方扑打（图 3-1-12）。重复以上动作走直线练习即可。练至场地尽头可上左步，身体猛然向右转体 180°，同时，双手持棍，随转身之势向右侧横击。此为心意虎摆尾（图 3-1-13）。然后再重复开始时的虎形发力即可。

图 3-1-12　　　　　　　　　　图 3-1-13

【劲意与动作要领】 虎形发力即出势勇猛如虎，向前上方发虎扑之劲，须借头领身之劲。头领身起在拳经中为："眼似铜铃，脚似钉耙头颅起枕骨。"此正是虎抱头的一把劲意。棍体下劈与向前上扑击都是在圆中求得，前者为向下划立圆，后者为向上划立圆，出势勇猛。但仍要注意控制身体的平衡。前后脚相催、相追随，干净利落。前脚下踩，后脚要马上跟随，两腿形如一腿。转身虎摆尾为横扫之鞭击劲，要由整体发劲，如虎之摇头摆尾，身体稳重而又凶猛异常。切记不要以手臂的梢节力为主。

3. 短棍鹰形发力练习

双手持棍以四平势起。以头领身，身带步，左脚过右脚向前踩出一步，脚尖着地；同时，双手持棍向前上方穿刺（图 3-1-14、图 3-1-15）。动作不停，以头领身，身带步，右脚过左脚向前猛踩一步，脚尖着地，内扣 15°，左脚在后紧随半步，立身中正；同时，双手持棍由上往下劈击（图 3-1-16）。重复上述动作，循环练习便可。练至场地尽头时，可向左转身继续进行练习。

图 3-1-14

图 3-1-15

图 3-1-16

左转身法如下：

以右脚为轴，身体向右转动，成左足在前，脚尖虚点地，右腿支撑重心；同时，双手持棍向前上方刺出（图 3-1-17）。紧接着，右脚过左脚向前踩出一步，脚尖着地，内扣15°，左脚在后紧随半步，立身中正；同时，双手持棍由上向下劈击（图3-1-18）。

图 3-1-17

图 3-1-18

【劲意与动作要领】起手向前刺棍，有上架旁击之劲力。要手臂拧转发螺旋劲向前穿刺，而不是直来直去的单一劲力。向下劈击是由上向后下方之力，在拳术中为"恨天无把"的劲力。出棍搏击时要"出棍如锉，回棍如钩"，与拳术之"出手出锉，回手如钩"道理完全一致。一般用棍者都知道棍打一片，而那只是初学练力之事，若要实用，就须知动作要紧小而不露痕迹，而非一片花草，更要知转环之劲非是硬劈硬打、直来直去之劲。遇到看似力大无比的挥击时，可起手滚锉而进、直杀其要害，起到一招制敌的效果。此势出手含有枪劲，应用到剑法中也非常合适。

4. 短棍鸡形发力练习

以猴架藏棍式起。以头领身，身带步，右脚过左脚向前踩出一步，脚尖着地，内扣15°，左脚在后紧追半步，成立身中正之势；同时，右手持棍，随身体的转动向前方发力撩击（图3-1-19、图3-1-20）。

承上势。左脚过右脚向前踩出一步，脚尖着地，内扣15°，右脚在后紧追半步，成立身中正之势；同时，双手持棍，手臂拧转，借头领、脚踩之劲，反手向前方发力撩击（图 3-1-21）。练至尽头，可左、右转身后再进行盘练。

图 3-1-19　　　　　图 3-1-20　　　　　图 3-1-21

右转身法如下：

接上势。以左脚为轴，身体向右后转身，成右足在前，脚尖虚点地，左足在后支撑重心；同时，双手持棍，借身体的旋转而直接向前发力撩击（图 3-1-22）。

承上势。左脚过右脚向前踩出一步，脚尖着地，内扣 15°，右脚在后紧追半步，成立身中正之势；同时，双手持棍，手臂拧转，借头领、脚踩之劲，反手向前方发力撩击（图 3-1-23）。

图 3-1-22　　　　　　　图 3-1-23

【劲意与动作要领】此势为由下向前撩打之劲，发劲与拳术中鸡步撩阴法同。须以身运手，以头领身，并借助后脚蹬地、身体旋转的力量发力撩打。手臂之肢节也要协同发力，要臂、腕旋转，配合整体的运动节奏，相合成一股力量发力撩打，即传统理论中所谓的"混元一气"。拳谚云："练成丹田气，走遍天下无人敌。"习武之人一定要打出这种合力，不然仍只是虚浮的梢节运动，练拳及器械时也会给人一种轻飘的感觉。

5. 短棍蛇形发力练习

双手持棍，以四平式起势。以头领身，身带步，右脚向右前方斜线踩出一步，左脚虚提于右脚内侧。同时，双手持棍向右侧拨打（图3-1-24、图3-1-25）。

图3-1-24

图3-1-25

动作不停。左脚向左前方斜线踩出一步，右脚虚提于左脚内侧；同时，双手持棍从右向左侧裹打，发横击之力（图3-1-26）。如此循环向前练习即可，在拳术中为心意蛇拨草发力。

图3-1-26

6. 短棍燕形发力练习

双手持棍，以四平式起势。以头领身，身带步，右脚寸步向前踩落一步，脚尖着地。左脚虚提于右脚内侧；同时，双手持棍，由下向前上方穿抄（图 3-1-27、图 3-1-28）。

承上势。左脚向前踩进一步，脚尖着地，右脚虚提于左脚内侧；同时，双手持棍，上下向前上方穿抄（图 3-1-29）。

图 3-1-27　　　　　　图 3-1-28

图 3-1-29

【劲意】穿抄之劲在拳术中为燕子抄水。应用时可在挑开敌人器械的同时攻击敌人，猛然抄起也能夺敌器械。

7. 短棍鹞形发力练习

以猴架藏刀式起势。身体左转180°，左脚提起撤于左脚后；同时，双手持棍由上向下劈打（图3-1-30~图3-1-32）。此为鹞子翻身入林。此势有很强的实战作用。

图3-1-30　　　　　　　　　图3-1-31

图3-1-32

8. 短棍马形发力练习

双手持棍成四平式。右脚寸步向前踩进一步，脚尖着地，内扣15°，左脚在后紧追半步，重心下降；双手持棍由上向下劈击，此为马形之马伏道（图 3-1-33、图 3-1-34）。紧接着，以头领身，身带步，左脚过右脚向前猛踩一步，右脚在后紧随半步，身体中正；同时，双手持棍，以棍头发力向前崩打（图 3-1-35）。

图 3-1-33　　　　　　　　图 3-1-34

图 3-1-35

承上势。双手持棍由上向下劈击，此为马形之马伏道（图3-1-36）。紧接着，以头领身，身带步，右脚过左脚向前猛踩一步，左脚在后紧随半步，身体中正；同时，双手持棍，以棍头发力向前崩打（图3-1-37）。

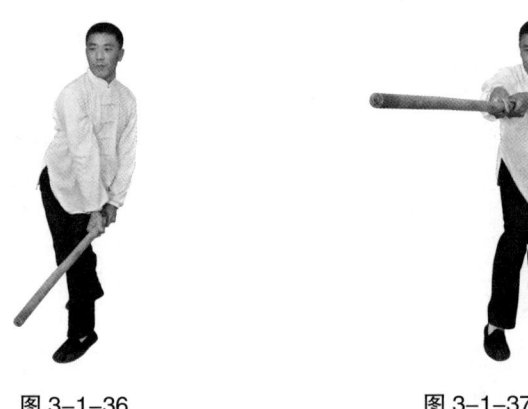

图3-1-36　　　　　　　图3-1-37

【劲意与动作要领】 此势基本有两种劲力，下劈之劲与前刺之劲。刺棍是借用了剑法中的刺剑，发的是大枪中的螺旋之力。拳谚云："打人千下，不如一扎。"看似平常无奇，但破坏力是很大的。刺棍时要以头领身，身带步，借腰部旋转之力。劈棍是刺棍的蓄力阶段，所以要在劈棍时身体尽力扭转，如压紧的弹簧，这样刺棍才会有力。

9. 短棍猴形发力练习

双手持棍成四平式。右腿提起；同时，双手持棍，棍头朝下向右侧横拨并有上提之力（图3-1-38、图3-1-39）。紧接着，右脚向前踩出一步，脚尖着地，内扣15°，左脚在后紧随半步；同时，双手持棍，由下向右上方划圆横拨（图3-1-40）。紧接着，再向左下侧斜劈。（图3-1-41）

图 3-1-38　　　　　图 3-1-39

图 3-1-40　　　　　图 3-1-41

承上势。左脚提起；同时，双手持棍，棍头朝下向左侧横拨并有上提之力（图 3-1-42）。紧接着，左脚向前踩出一步，脚尖着地，内扣 15°，右脚在后紧随半步。同时，双手持棍，由下向上方左侧划圆横拨（图 3-1-43）。紧接着，再向右下方斜劈（图 3-1-44）。以上循环练习即可。

图 3-1-42　　　　　图 3-1-43　　　　　图 3-1-44

【劲意与动作要领】 棍在下横拨有防护下盘之意。紧接落步下劈棍时要手腕手臂旋拧，动作要圆润流畅，因为都是在圆中发力，所以才会像水一样的流畅。双手持棍时要以身体的大关节来带动小关节做出动作。手臂部的动作要与其他部位的运动合成一个整体，这样才会有锻炼发力的效果。此势由心意双手剑变化而来。

10. 短棍熊形发力练习

双手持棍以四平式起势。右脚寸步向前踩出一步，脚尖着地，内扣15°，左脚在后紧随半步，成立身中正之势；同时，运棍向右上方横架后，以棍头发力向前下方刺棍（图3-1-45~图3-1-47）。

承上势。以头领身，身带步，右脚先向前踩出一小步，紧接着，左脚过右脚向前猛踩一步，脚尖着地，内扣15°，右脚在后紧随半步，成立身中正之势；同时，运棍向左上方横架后，以棍头发力向前下方刺棍（图3-1-48、图3-1-49）。以上循环练习即可。

图3-1-45　　　　　　图3-1-46　　　　　　图3-1-47

图3-1-48　　　　　　图3-1-49

【劲意与动作要领】上架时要有前推的挫劲和向侧方的拨劲。刺棍是由上向下发出。手臂要拧转并配合头领身，步下踩时的综合劲力发出螺旋劲，而不是直劲。上架时要有"恨地无环"的拨山之势。前刺时要有力透敌人身体之意。

单短棍的训练到此为止，在熟练了这些基本动作之后可随意组合进行练习，也可将其从头至尾加以串连进行练习。还有很多技术书中很难穷尽，有待于习练者自练自悟，直到熟能生巧、随心所欲。技法不在多而在于精，尤其是实用技术，反复使用的无非是几式而已。

第二节　双棍在十大真形中的体现

1. 双棍龙形发力练习

猴架起势。侧身而立，降低重心，左足在前，脚尖虚点地，右足在后支撑重心；左手持棍在前，右手持棍在后；目视前方，头顶竖项，含胸拔背，沉肩坠肘，身体中正（图3-2-1）。此势可分高、中、低架。练习低架应用时稍高以最灵活为主旨。低架练习可锻炼并强化腿部肌肉。对下盘的稳固和整体的发力都有很重要的作用。双棍练习均以此为起势。不再赘述。

承上势。左脚先向前踩进一步，紧接着，右脚过左脚向前踩出一步，脚尖着地，内扣15°，左脚在后紧随半步；同时，左手持棍向左横拨，右手棍由后向前方左侧横击；身体成右手右足在前的顺势（图3-2-2、图3-2-3）。

图 3-2-1　　　　　图 3-2-2　　　　　图 3-2-3

承上势。右足先向前踩进一步，紧接着左脚过右脚向前踩出一步，脚尖着地，内扣15°，右脚在后紧随半步；同时，右手持棍向右横拨，左手棍由后向前方右侧横击；身体成左手左足在前的顺势（图 3-2-4、图 3-2-5）。练至场地尽头，可向右转身再继续进行练习。

图 3-2-4　　　　　　　　图 3-2-5

右转盘练方法如下：

以左脚为轴，身体向身后右转；同时，右手向右侧横拨，左手向前方右侧发力横击；身体成右足在前之拗势（图 3-2-6）。

承上势。左脚过右脚向前踩出一步；同时，左手向左侧横拨，右手向前方左侧发力横击；身体成左足在前之拗势（图 3-2-7、图 3-2-8）。

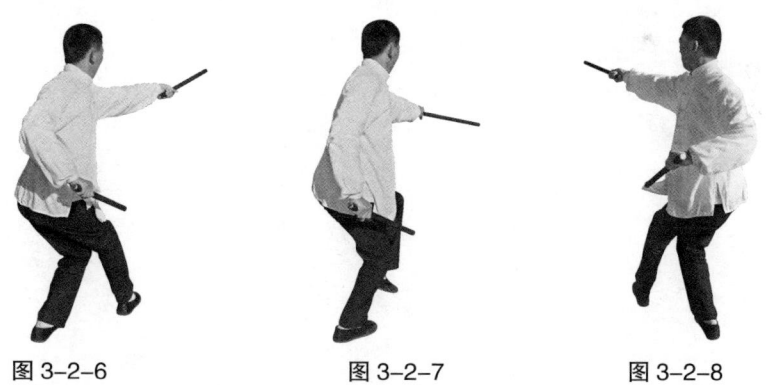

图 3-2-6　　　　　　图 3-2-7　　　　　　图 3-2-8

【劲意与动作要领】 此势主练身法的变化，能增强腰部中节之力和整体协调的能力，拳术中称为"龙身"，大致取意龙的九曲三折、变化莫测、能大能小、能隐能现的多变之能。

在拳术中只要知道，此一动作，能柔活身体主要关节、促进整体发力就行了，不要将其想得过于复杂。手臂在持械做发力动作时仍与拳术的发力要领一样。头要领身，以身带步，落地踩脚。后腿蹬地后又紧紧追随，使身体出势如离弦之箭、扑战之虎。落势则鹰捉四平，又如熊一般稳健，即身体落势后要保持中正之势，忌前俯后仰，左右歪斜。

2. 双棍虎形发力练习

猴架起势。以头领身，身带步，左脚先向前踩出一步，紧接着，右脚过左脚向前踩出一步，脚尖着地，内扣15°，左脚在后紧追半步；同时，左右手持棍由上向下连续下劈，随即又向前上方以棍头发力扑击（图3-2-9~图3-2-11）。

图3-2-9

图3-2-10

图3-2-11

承上势。右脚先向前踩出一步，紧接着，左脚过右脚向前踩出一步，脚尖着地，内扣15°，右脚在后紧追半步；同时，左右手持棍由上向下连续下劈，随即又向前上方以棍头发力扑击（图3-2-12、图3-2-13）。练至场地尽头，可猛然向后右转身体，成右足在前之势；同时，右手棍向右横扫，左手棍在下护住身体；身体重心下潜（图3-2-14）。重复开始时的动作，继续进行虎形的发力练习即可。

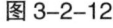
图3-2-12

图3-2-13

图3-2-14

3. 双棍鸡形发力练习

猴架起势。右脚过左脚向前踩进一步，脚尖着地，内扣15°，左脚在后紧追半步，成立身中正之势；同时，左手持棍，棍头朝下向左后拨带，右手棍由下向前撩打，棍头朝下；身体成右足在前之顺势（图3-2-15~图3-2-17）。

图3-2-15

图 3-2-16

图 3-2-17

承上势。左脚过右脚向前踩进一步，脚尖着地，内扣15°，右脚在后紧追半步，成立身中正之势；同时，右手持棍，棍头朝下向右后拨带，左手棍由下向前撩打，棍头朝下；身体成左足在前之顺势（图 3-2-18、图 3-2-19）。

图 3-2-18

图 3-2-19

练至场地尽头，可右转身后继续进行练习。

方法如下：以左脚为轴，猛然向后右转身体，成右足在前；同时，右手棍向右侧拨带，左手棍向前猛力撩打；身体成右足在前之拗势（图 3-2-20、图 3-2-21）。

第三章 短棍训练篇

图 3-2-20

图 3-2-21

承上势。左脚过右脚向前踩出一步，脚尖着地，内扣 15°，右脚在后紧追半步，成立身中正之势；同时，左手棍向左侧拨带，右手棍猛力向前撩打（图 3-2-22）。向前循环练习即可。

【劲意与动作要领】一手外拨、另一手撩打要同时进行，并要求发整体劲力。外拨之劲有向身后捋带之劲，如拳法的要领一样要求回手如钩，有夺敌器

图 3-2-22

械之意，更有一拨使敌有立足不稳之劲意。另一手撩打要在外拨之手向回捋带时发出。拳谚云："前手打人，后手用力。"脚下之鸡形步要平起平落，行步如犁地。移动中忌裆部敞开，两腿尽量相磨，后腿要快速跟随。这种要求适用于每一势。请注意本书中所涉及之箭步都为瞬间过渡动作，不是定势。

4. 双棍鹰形发力练习

猴架起势。右脚过左脚向前踩进一步，脚尖着地，内扣 15°；

同时，右手棍向上方钻裹刺出（图 3-2-23、图 3-2-24）。左脚过右脚向前踩进一步，脚尖着地，内扣 15°；同时，左手棍向上方钻裹刺出，既而双棍向下劈击（图 3-2-25、图 3-2-26）。练至场地尽头右转身，右棍随转身之势横扫（图 3-2-27）。

图 3-2-23

图 3-2-24

图 3-2-25

图 3-2-26

图 3-2-27

承上势。左脚过右脚向前踩进一步，脚尖着地，内扣15°；同时，左手棍向上方钻裹刺出（图3-2-28）。右脚过左脚向前踩进一步，脚尖着地，内扣15°；同时，右手棍向上方钻裹刺出，既而双棍向下劈击（图3-2-29、图3-2-30）。

图3-2-28

图3-2-29

图3-2-30

【劲意与动作要领】此势在拳术中为"恨天无把"的劲意。起手下劈前要缩小动作的运动轨迹，减少多余动作。起手时有向上捧架之劲，而后再尽力下劈。

5. 双棍燕形发力练习

猴架起势。右脚过左脚向前踩进一步，左脚在后随追半步，成立身中正之势；同时，左手外拨下压，右手持棍由下向前上方抄起；成右足在前之顺势（图3-2-31~图3-2-33）。

97

图 3-2-31　　　　图 3-2-32

图 3-2-33

承上势。左脚过右脚向前踩进一步，右脚在后随追半步，成立身中正之势；同时，右手外拨下压，左手持棍由下向前上方抄起；成左足在前之顺势（图 3-2-34、图 3-2-35）。

图 3-2-34　　　　　　　图 3-2-35

6. 双棍鹞形发力练习

猴架起势。左脚先向前踩出一步，紧接着，右脚过左脚向前踩出一步；同时，双手持棍，接连由上向下劈打；成右足在前之顺势，此为鹞子入林（图3-2-36~图3-2-39）。双棍随即由下向上钻起，钻打后头向左侧180°处转动，目视左前方。此为鹞子钻天（图3-2-40）。接着左脚向前踩落，右脚急过左脚向前踩出一步；同时，双棍下劈，紧接着随由下向上钻起，钻打后头向左侧180°处转动，目视左前方（图3-2-41~图3-2-43）。依上法重复进行练习即可。

图3-2-36　　　　　　　　图3-2-37

图3-2-38　　　　　　　　图3-2-39

图 3-2-40

图 3-2-41

图 3-2-42

图 3-2-43

7. 双棍马形发力练习

猴架起势。双手持棍，十字交叉向方棒起（图 3-2-44、图 3-2-45）。紧接着，右脚提起在前；双棍下压在右腿两侧蓄力（图 3-2-46）。左脚蹬地，身体向前窜出，右脚在前下踩，脚尖着地，内扣 15°，左脚在后紧追半步，成立身中正之势；同时，双棍以棍头发力向前崩打（图 3-2-47）。

图 3-2-44

图 3-2-45

图 3-2-46

图 3-2-47

承上势。双手持棍，十字交叉棒起（图 3-2-48）。接着，左脚提起在前；双棍下压在左腿两侧蓄力（图 3-2-49）。右脚蹬地，身体向前窜出，左脚在前下踩，脚尖着地，内扣 15°，右脚在后紧追半步，成立身中正之势；同时，双棍以棍头发力向前崩打（图 3-2-50）。以上循环练习即可。

图 3-2-48　　　　图 3-2-49　　　　图 3-2-50

8. 双棍猴形发力练习

猴架起势。右足虚脚提于左足内侧，腰向左旋拧；同时，双棍由上向下、再向左侧身后拨捋，如猴拉绳（图 3-2-51~图 3-2-53）。猛然身体向右前方移动，右脚在前踩落一步，脚尖着地，内扣 15°，左脚可悬脚虚提于右脚内侧，也可紧随一步落地成鸡形步，以上根据实际情况习练者可灵活运用；同时，双棍以棍头向右前方发力崩打。（图 3-2-54）

承上势。腰部向右旋拧，左足虚提于右脚内侧；同时，双棍由上向下、再向右侧身后拨捋，如拉绳状（图 3-2-55、图 3-2-56）。猛然身体向左前方斜线移动，左足在前踩落一步，右脚虚提于左脚内侧；同时，双棍以棍头发力向左前方发力（图 3-2-57）。以上循环练习即可。

第三章 短棍训练篇

图 3-2-51

图 3-2-52

图 3-2-53

图 3-2-54

图 3-2-55

图 3-2-56

图 3-2-57

9. 双棍蛇形发力练习

猴架起势。右脚向右前方斜线踩出一步，左脚虚脚提于右脚内侧；同时，右手棍向前方穿出后向右侧拨打（图3-2-58~图3-2-60）。

图 3-2-58　　　　　图 3-2-59　　　　　图 3-2-60

承上势。左脚向左前方斜线踩出一步，右脚虚脚提于左脚内侧；同时，左手棍向前方穿出后向左侧拨打（图3-2-61、图3-2-62）。以上走三角步，循环练习即可。注意头领身与旋腰之劲力。

图 3-2-61　　　　　图 3-2-62

10. 双棍熊形发力练习

猴架起势。右足过左足向前踩出一步，脚尖着地，内扣15°，左足在后紧随半步，成立身中正之势；同时，左手棍向左下方拨压，右手棍由下向前上方发力撩打；成右足在前之顺势（图3-2-63~图3-2-65）。

图3-2-63　　　　　图3-2-64　　　　　图3-2-65

承上势。左足过右足向前踩出一步，脚尖着地，内扣15°，右足在后紧随半步，成立身中正之势；同时，右手棍向左下方拨压，左手棍由下向前上方发力撩打；成左足在前之顺势（图3-2-66、图3-2-67）。练至尽头可转身后再继续进行练习。

图3-2-66　　　　　　　图3-2-67

承上势。猛然右转身体成右足在前；同时，右手棍向右拨打，左手棍由下向前上方撩打；身体成右足在前之拗势（图 3-2-68、图 3-2-69）。

图 3-2-68

图 3-2-69

承上势。左足过右足向前踩出，右足在后紧追半步，成立身中正之势；同时，左手棍向左侧拨打，右手棍向前方撩打；身体成左足在前之拗势（图 3-2-70、图 3-2-71）。

图 3-2-70

图 3-2-71

【劲意】向前上方撩打之劲中有向前刺击的劲力，自练时要力达极远处，意达极远处。

第四章　长棍搏击篇

通过前面部分的训练和学习，相信大家会在发力技术上有了一些基本的认识，对器械的特性也基本了解了。实用搏击篇将以对练的形式来阐述应用中的技巧。由于真实的搏击常令人难以预料，书中的战例示范、并不一定能非常真实、准确地反应出现实生活中的搏斗，所举战例仅供参考，有搏击经验者更无须拘于作者之见解。

长棍含有枪法，应用技术大致可分为对长兵、对短兵、对软兵。以长对长，可以说在武器的持有上是平等的，除去心理因素外，基本是在较量比试技术，对付没有经过器械训练的歹徒，将其击毙或击伤应该没有太大难度。由于长器械比较笨重，不经训练，不仅使用很不灵活，甚至根本起不到什么攻防作用，有时还会被持有短器械或赤手空拳的人夺去器械或击伤。如果双方在技术等主要条件基本相同的情况下较量，持有长器械者比持有短器械者，应该说更占优势。

在软器械中也有长短之分，短的有双节棍，长的有七节鞭、九节鞭、十三节鞭、绳镖、流星锤等。因其在表演上颇具观赏性，尤其是一些舞花动作的组合，常常使观者眼花缭乱，所以容易在视觉上造成冲击力，使人感到非常神奇。而大多数的软器械表演属于花式武术，真正能应用于实际搏斗的少之又少。传统武艺门派中的软器械在形式上基本一致，动作大，速度慢，一遇阻截便很难发出第二次、第三次有效的进攻。其实，软器械如果训练得法，应该说也是非常厉害的，主要是因为能折叠，便于携带，对于防身抗暴有一定的作用，但也有其局限性。由于篇幅有限，对于软器械的具体训练方法本书不作深入讨论，只将其基本特点和防御技巧作个简要介绍。武谚云："一寸长，一寸强。"长器械对短器械应该说占据了优势。稍经器械训练的人、对付短器可以说没有什么难度，只要不让对手抓到我方器械，控制好距离，不让持短器械的对手近身就行。

第一节　长棍实战应用——对长兵

1. 破上盘扎法

（1）持枪式破棍

我为浅色服装者，对手为深色服装者。

我持杆在敌棍之左下方，开左边门户，诱其攻我（图4-1-1）。

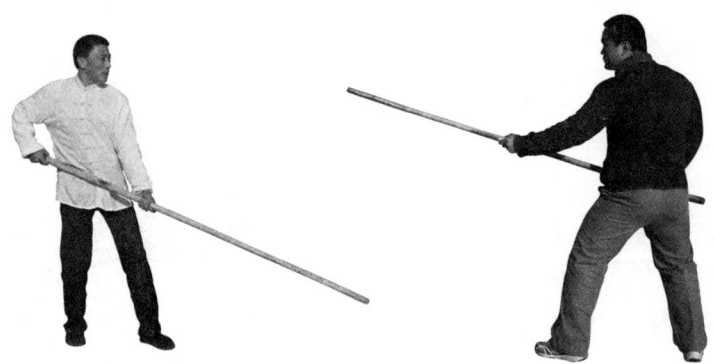

图4-1-1

敌方持棍（留余根持握）在左拦我枪之后迅速扎我头部。我右脚向右前方斜上一步，双手持杆向前推出扎敌头部、腹部或肋部（图4-1-2）。

图 4-1-2

【动作要领】持枪式在心意拳系中要求枪不留根，一是能放长击远，扩大打击范围，再者枪出枪入怕自伤其腹。

(2) 放长击远单撒手

我持杆在敌棍之左下方，开左边门户诱其攻我（图 4-1-3）。

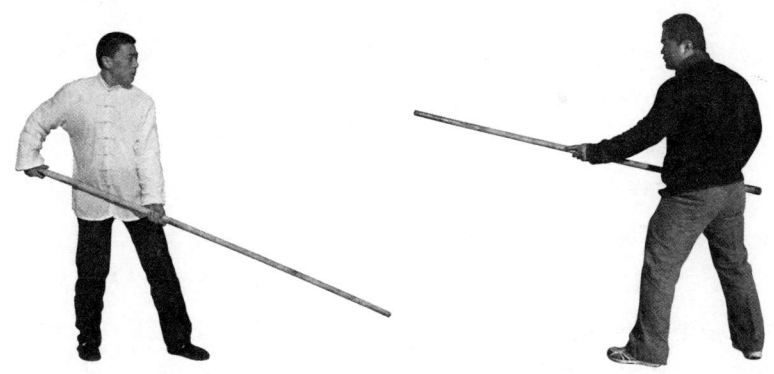

图 4-1-3

敌方持棍（留余根持握）在击打我杆后迅速扎我头部。我左足提起，后撤一步成右足在前，同时，杆在敌棍下扎其前锋手臂或腹部（图4-1-4）。

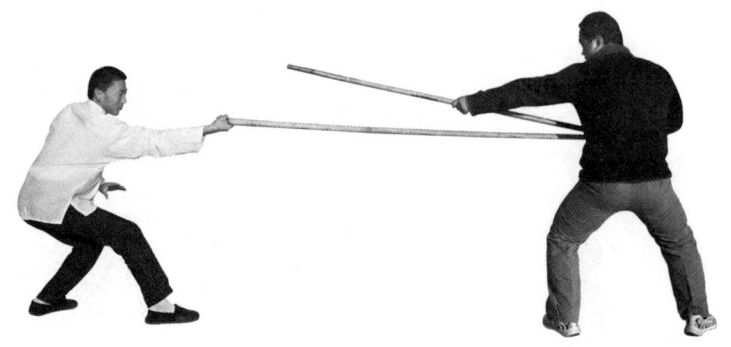

图4-1-4

【动作要领】敌人击我杆时不可与之抗劲，要顺时划圆。左脚落地，随身扭转之势由敌杆下扎出。单撒手之重要处，首先要在其枪下发扎。第二，要静以待动，后发先至。持枪最忌轻易发招，即使首先发招，也不能一照面就将枪势发尽，应先以花招浅出浅入，闪赚使花枪，待敌方出现破绽再进行打击。古谚云："彼枪发，我枪拿，彼枪不动我枪扎。"第三，不要将身体上下防守得风雨不透，没有一丝破绽，要给敌人留出攻击的余地和攻击机会。在心意中的拳械训练中，常常要求习练者要三尖相照，保护身体要害，从而形成很严密的防守姿态，这是基本原则，也是很重要的原则，但应用时常常出奇兵而制胜。常有"守中不守是为真守，让中不让是为真不让"。你防守得没有一丝破绽，怎么能让对手攻击你？没有攻击动作，也就很难出现破绽和空档。在势均力敌的情况下，减少失误和抓住对方失误就能取得胜利。因此，在交手中要给敌人留出可乘之机。在平日的训练中也要练习心意大枪，发展出至猛之扎手，这才能既长又快又劲力十足。在脱手为拳时，也就变得势大力猛，难以抵挡了。

(3) 捧枪扎头

我低位持杆，大开上盘门户，诱敌扎我上盘（图4-1-5）。

敌持棍扎我头部。我双手捧起敌棍，进步扎敌头部（图4-1-6）。

图 4-1-5

图 4-1-6

【动作要领】要目测距离，如敌方也是行家，必然不肯轻易发招猛扎，一般会使花法上下迷惑我方。我要脚下移动，随其左右远近，但要稳把器械不受其迷惑。捧枪进步要等对方发力后，不然容易上当。

2. 破上盘劈打

(1) 疾步捧枪

我持杆,开上盘门户(图4-1-7)。

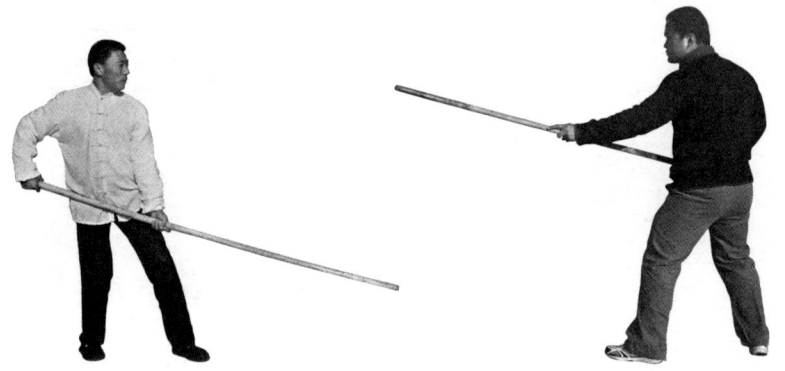

图4-1-7

敌举棍,由上向下或真劈或威吓。我连续两个过步捧枪扎其头部(图4-1-8、图4-1-9)。

图4-1-8

图 4-1-9

【动作要领】在于平日练习步法,可双人反复练习此势,在对抗中发展自己的速度及应变能力。陪练者可忽然变另一式进攻,会避免训练时过于机械的单式练习。

(2) 束身退步孤雁出群

我持杆,开上盘门户(图 4-1-10)。

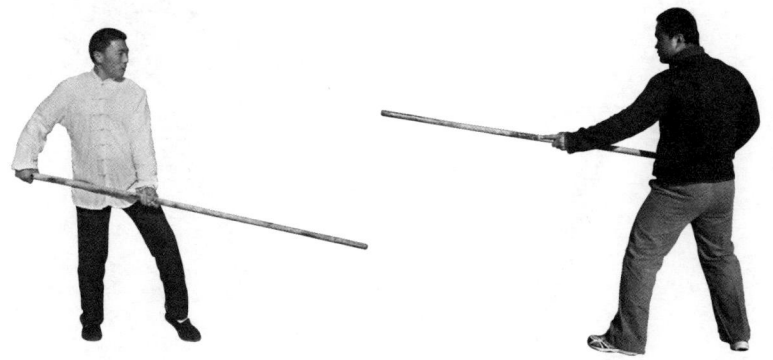

图 4-1-10

敌举棍，由上向下或真劈或威吓。我可左足退步，单手扎其腹部（图 4-1-11）。

图 4-1-11

(3) 高拦枪进步劈头

我持杆，开上盘门户（图 4-1-12）。

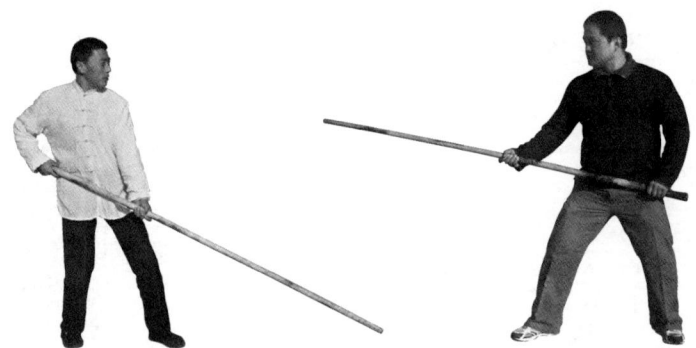

图 4-1-12

敌举棍，由上向下或真劈或威吓。待其由上劈下时，我持杆由右向左划圆拦其棍（图4-1-13）。紧接着，左足向前踩出一步，同时，双手持杆，由上向下斜劈敌头（图4-1-14）。

图4-1-13

图4-1-14

(4) 退步拦枪滑打

我持杆，开上盘门户（图 4-1-15）。

图 4-1-15

敌举棍，由上向下或真劈或威吓。待其劈下时，我双手持杆向后退一步，同时，杆压下敌人之棍（图 4-1-16）。紧接着，前脚向前踩进一步，双手持枪，顺敌方器械向上滑打敌持械之前锋手（图 4-1-17、图 4-1-18）。

图 4-1-16

图 4-1-17

图 4-1-18

(5) 左闪身压棍滑打

我持杆,开上盘门户(图 4-1-19)。

敌举棍,由上向下或真劈或威吓。我双手持杆,向右划圆高拿敌棍,同时,左脚向左前方斜线踩进一步(图 4-1-20)。右脚在后踮步,左脚再向前进一步,双手持杆贴对方器械,滑打敌人手部或头部(图 4-1-21)。

117

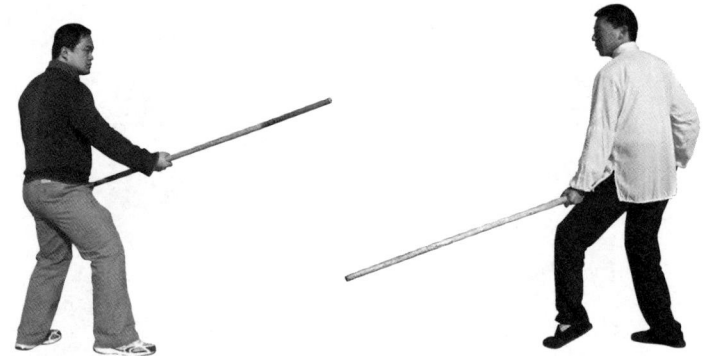

图 4-1-19

图 4-1-20

图 4-1-21

3. 破中盘扎法

① 吞袖枪

我持杆在敌棍之左下方，开中、上盘门户，诱敌扎我（图 4-1-22）。

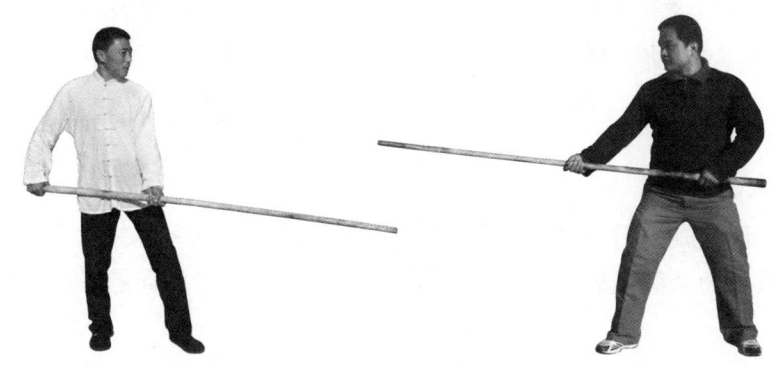

图 4-1-22

敌持械扎我胸腹。我双手持杆，由下向左上方卷起划圆，粘住敌杆，同时，顺杆直下扎敌手腕部或手臂。心意大六合枪中称为"吞袖枪"（图 4-1-23、图 4-1-24）。

图 4-1-23

图 4-1-24

【动作要领】 划圆要小,手臂手腕要拧转。粘敌杆之劲有横拦下压等劲,稍拦敌杆离开我身即可,粘杆同时,螺旋向前发力。

② 穿指枪

我持杆在敌杆之右下方,开中、上盘门户(图 4-1-25)。

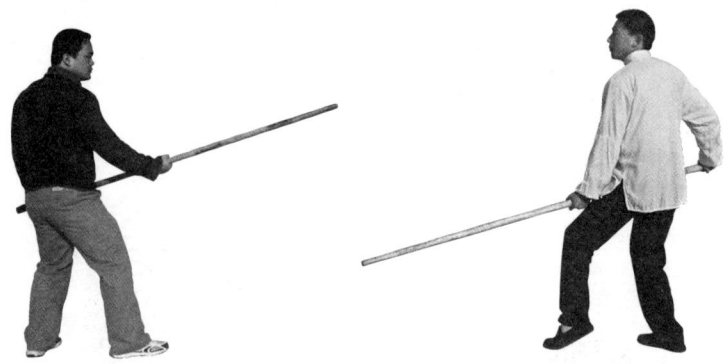

图 4-1-25

敌持杆扎我胸腹。我双手持杆,由下向右上方卷起划圆,粘住敌杆的同时,顺杆螺旋前进扎敌手臂或手腕,心意大六合枪法中称为"穿指"(图 4-1-26、图 4-1-27)。穿指吞袖可结合步法左右偏闪,也可进退盘练,总之要根据实际情况灵活应用。

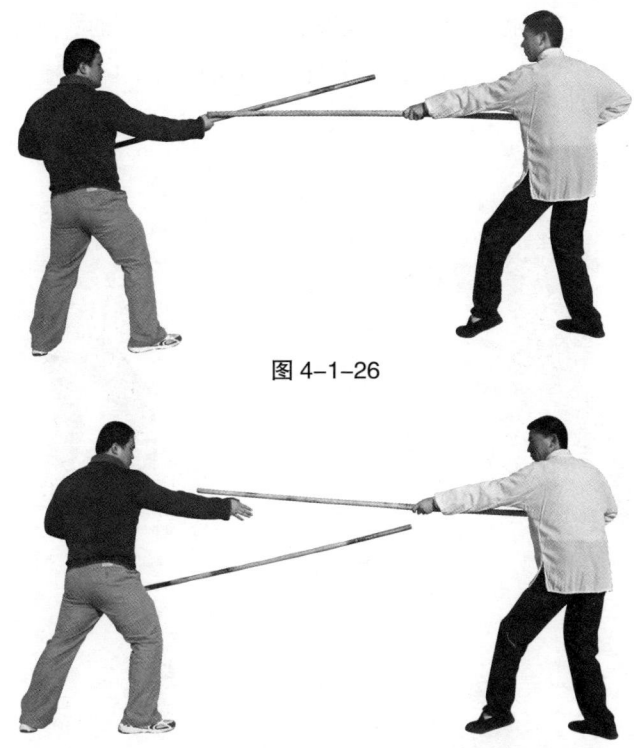

图 4-1-26

图 4-1-27

③ 滴水势扎膝

我持杆在敌杆之上方,开中、下盘门户(图 4-1-28)。

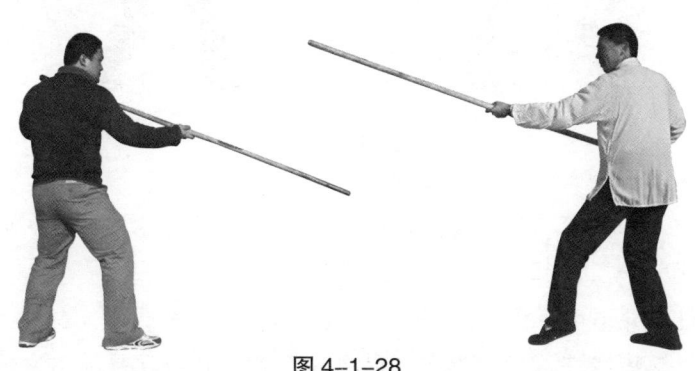

图 4-1-28

敌持杆扎我胸腹。我将杆根竖起封住其杆，同时，向前快速寸步踩进，以杆头扎敌膝部或脚面（图4-1-29、图4-1-30）。

图4-1-29

图4-1-30

4. 破中盘横扫

（1）寸步中平枪

我低势持杆。敌双手持杆横击我左侧。我抢在其横击之前，快速向前寸步踩进扎其头、喉或胸腹部位（图 4-1-31、图 4-1-32）。

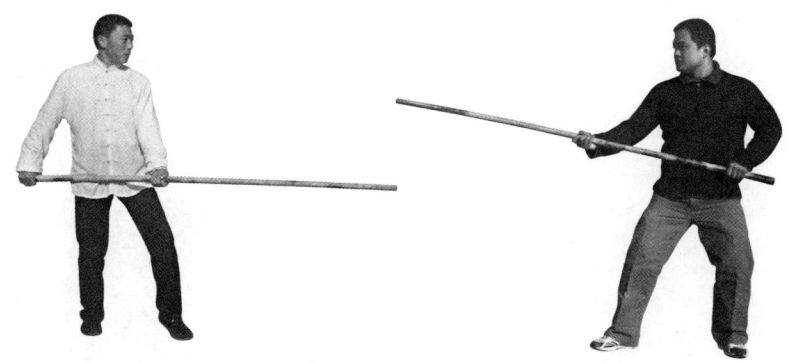

图 4-1-31

图 4-1-32

【说明】对付动作过大、未经器械训练的歹徒，此势能一招制敌。如对方挥击的速度太快或力量很大，我要蹲身下坐，将杆子竖起扎敌胸腹。

(2) 拿枪破横击

我低势持杆。敌方横击我身体右侧。我蹲坐同时，将杆竖起向前扎敌头、喉或胸腹位（图 4-1-33、图 4-1-34）。

图 4-1-33

图 4-1-34

【动作要领】进步要快，避免敌方杆子的前半部分实实地击打到我方的器械上，形成较大的冲击力。

(3) 拦枪劈头

我低势持杆（图 4-1-35）。

图 4-1-35

敌方横击我身体右侧。我杆偷在敌杆左侧，顺其力向我身左横拦，将敌器械挑飞或撼动敌方根基，使其立足不稳（图 4-1-36~图 4-1-38）。紧接着，我进步斜劈敌头（图 4-1-39）。

【要领】拦抢划圆要小，勿大，过大则失实用。

图 4-1-36

图 4-1-37

图 4-1-38

图 4-1-39

(4) 拿枪式乌龙入洞

我低势持杆（图 4-1-40）。

图 4-1-40

敌方横击我身体右侧。我身体蹲坐，持杆与敌杆相交，紧接着向右下侧划圆拿下敌杆（图 4-1-41）。快速反手以杆头击打敌人左侧头部（图 4-1-42）。

图 4-1-41

图 4-1-42

5. 破下盘扎法

(1) 低圈枪扎膝

我高位持杆（图 4-1-43）。

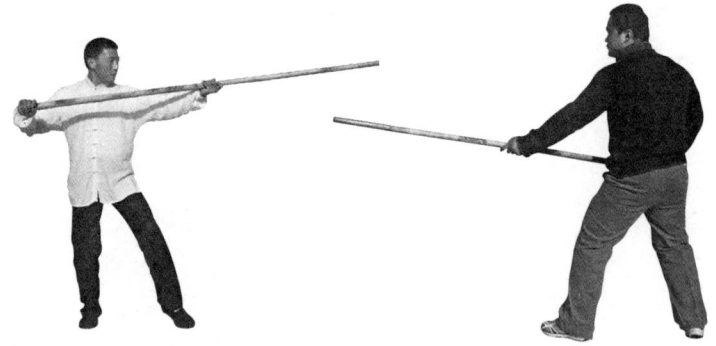

图 4-1-43

敌双手持杆扎我下盘。我将杆头朝下、杆尾朝上与敌杆相交叉，交叉同时，我向右后方捋带敌方器械，将其器械拨开于我右侧身后（图 4-1-44）。紧接着，反扎敌方下盘或膝或脚（图 4-1-45）。

图 4-1-44

图 4-1-45

(2) 悬脚独立式扎膝

我高位持杆（图 4-1-46）。

图 4-1-46

敌双手持杆扎我下盘。我左脚提起，反扎敌方下盘（图4-1-47）。

图4-1-47

6. 破下盘扫击

(1) 云顶斜劈

我持杆，开下盘门户（图4-1-48）。

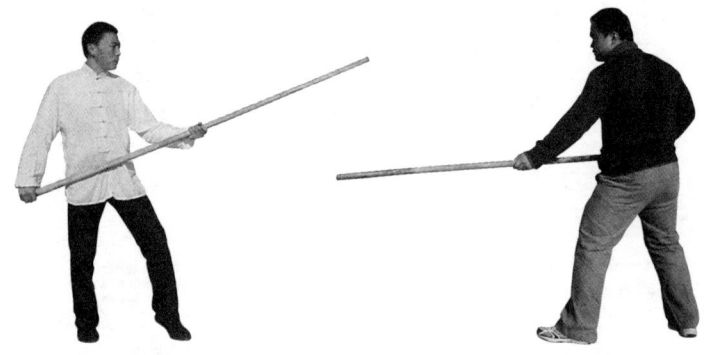

图4-1-48

敌方持杆横扫我右侧之下盘。我杆头朝下与敌杆相交叉（图4-1-49）。紧接着，由下向左上方划圆，猛力卷起将敌方器械挑于左上方，使其立足不稳，根节浮动或致其上臂关节损伤（图4-1-50、图4-1-51）。动作不停，快速向前进步，双手持杆斜劈敌头部（图4-1-52）。

第四章　长棍搏击篇

图 4-1-49

图 4-1-50

图 4-1-51

图 4-1-52

(2) 低拦护膝反枪扎头

我持杆,开左边门户(图 4-1-53)。

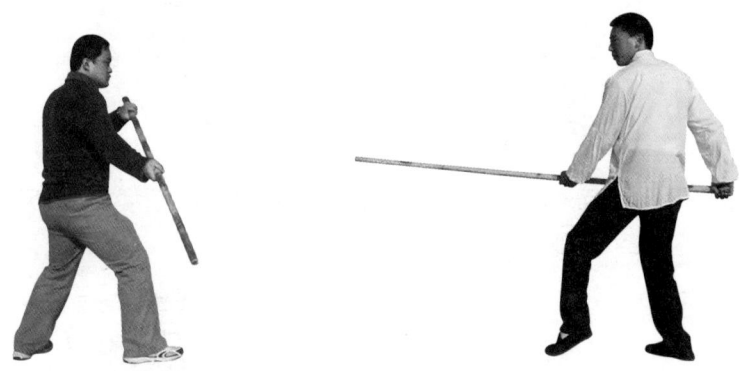

图 4-1-53

敌持杆横扫我左侧下盘。我杆头朝下与敌杆相交叉(图 4-1-54)。紧接着,由下向左上方划圆猛力卷起,将敌方器械挑于右上方,使其立足不稳,根节浮动或致其头臂关节损伤(图 4-1-55)。动作不停,快速向前进步,双手持杆反手扎敌头部(图 4-1-56)。

第四章 长棍搏击篇

图 4-1-54

图 4-1-55

图 4-1-56

133

(3) 拗步滴水势扎膝

我持杆，开左边门户（图 4-1-57）。

敌持杆横扫我左侧下盘。我右脚过步后扎其下盘（图 4-1-58）。

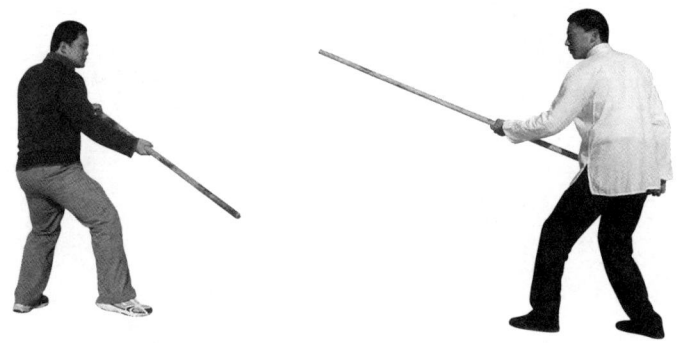

图 4-1-57

图 4-1-58

7. 破侧面扎头

(1) 横扫千军拦枪扎头

敌方由左侧扎我头部。我右脚过左脚向前方踩进一步，同时，身体向左侧转动，杆随身转，向左上方划圆横拦（图 4-1-59、图 4-1-60）。紧接着，左脚向敌方踩进一步，扎敌之头或咽喉部位（图 4-1-61）。

第四章 长棍搏击篇

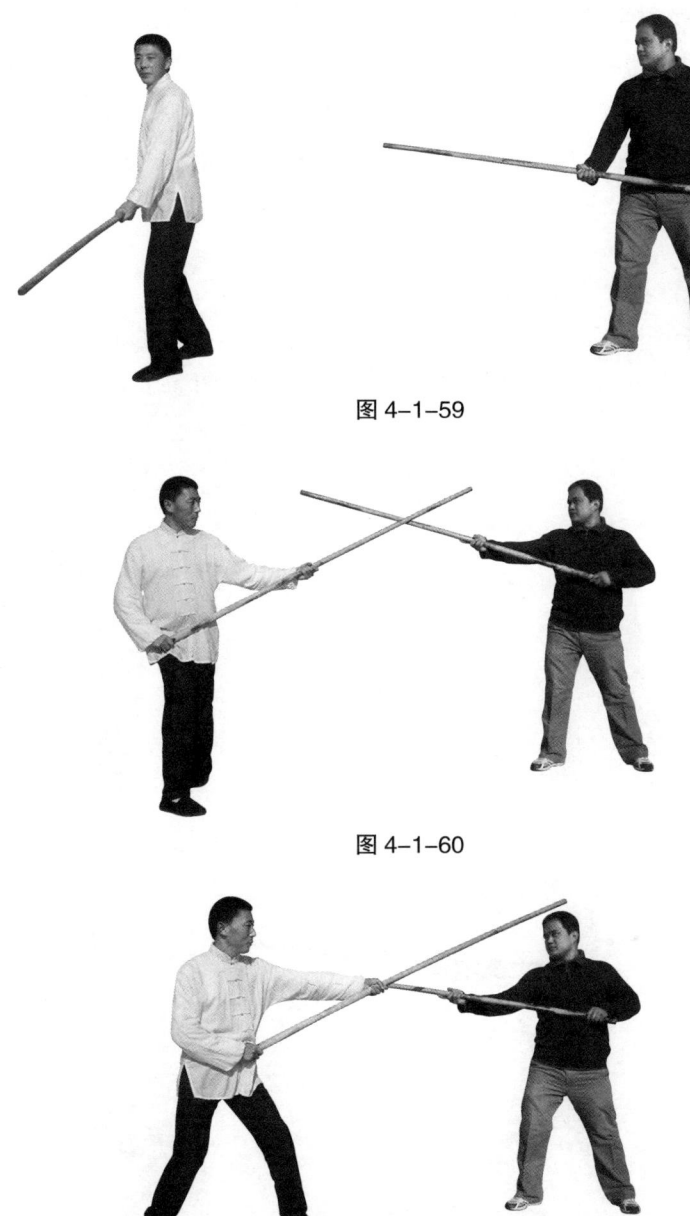

图 4-1-59

图 4-1-60

图 4-1-61

135

【动作要领】对付侧面之敌就是为了应付群战。因为传统拳术的应用目的与擂台搏击不同，往往是在不平等的条件下进行搏斗，所以要求能顾及四门八方，应付敌人的偷袭。这种训练能很好地提高身法、步法的灵活性。此势要在转身之时蹲身下坐，进步攻击要快速稳健，这些都需要加强基本功的练习。

(2) 束身拗步扎枪

敌方由右侧扎我头部。我身体向右侧转，右脚同时向前踩进一步，身体蹲坐，持杆扎敌头部（图4-1-62、图4-1-63）。

图 4-1-62

图 4-1-63

(3) 黄龙缠杆乌龙入洞式

敌方由右侧扎我头部。我向右侧转身，左脚随即向前过步踩出，双手持杆，由上向右下侧划圆劈拿敌杆（图4-1-64、图4-1-65）。紧接着反手击打敌人头部（图4-1-66）。

图 4-1-64

图 4-1-65

图 4-1-66

8. 破背后扎头

(1) 回身救护拿枪扎头

敌人持械扎我后脑（图 4-1-67）。

图 4-1-67

我右脚先向右侧 90°处踩出一步，闪化开后方攻来之器械，身体向右旋转成面向敌人之势，双手持械，随身体旋转之势由上向右下侧划圆拿捉敌械（图 4-1-68）。紧接着，左脚向前踩落，同时，扎敌头部（图 4-1-69）。

图 4-1-68

图 4-1-69

(2) 回身救护拦枪扎头

敌人持械扎我后脑（图 4-1-70）。

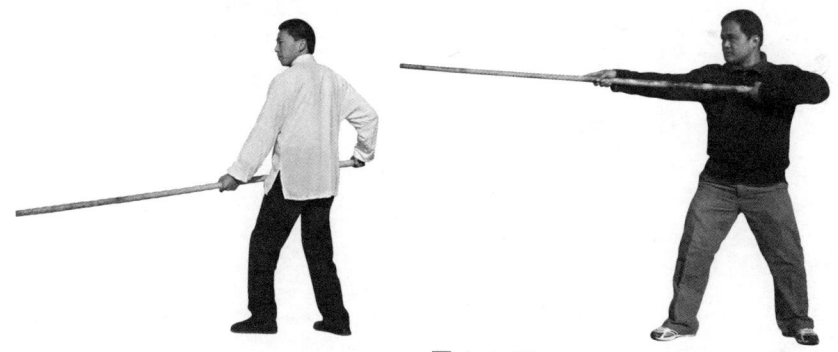

图 4-1-70

我右脚过左脚向前踩出一步，身体向左旋转成面向敌人之势，双手持械，随身体旋转之势由上向左下侧划圆拦敌器械（图4-1-71、图4-1-72）。紧接着，左脚向前踩进一步，同时扎敌头部（图4-1-73）。

图4-1-71

图4-1-72

图 4-1-73

9. 破背后中下盘的袭击

(1) 回身独立势圈枪

敌人持械由背后扎我下盘（图 4-1-74）。

我以左足为轴，右脚提起，向右后方转身，同时，将杆头朝下，随身体的旋转向右侧划圆护住下盘（图 4-1-75）。紧接着，右足下踩，螺旋发力扎敌头部（图 4-1-76）。

图 4-1-74

图 4-1-75

图 4-1-76

(2) 回身独立势拦枪扎膝

敌人持械由背后扎我下盘（图 4-1-77）。

图 4-1-77

我右脚向前踩出一小步,随即身体左转向后,同时,左脚提起,右腿支撑重心。杆头朝下,随身体的旋转向左侧划圆护住下盘(图 4-1-78)。紧接着,左脚落步,反扎敌方下盘(图 4-1-79)。

图 4-1-78

图 4-1-79

第二节　长棍实战应用——对短兵(棍)

1. 指上打下

敌持短棍防护严密。我虚扎其面部(图 4-2-1)。继而又攻其下盘（图4-2-2）。继而又扎其面部或咽喉（图4-2-3）。

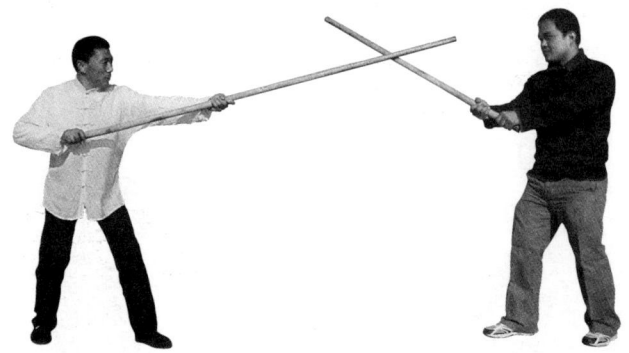

图 4-2-1

图 4-2-2

图 4-2-3

2. 闪赚使花枪

敌持短棍防护严密（图 4-2-4）。

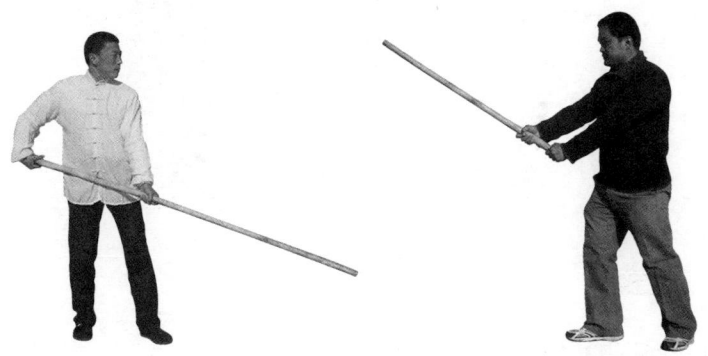

图 4-2-4

我持杆以四平式慢慢逼进，扎敌上、中盘左侧，诱敌防守（图 4-2-5）。待敌持械格向其左侧挡时，我手臂拧转划圆闪入右侧扎其面部（图 4-2-6）。

图 4-2-5

图 4-2-6

3. 跳还步扎枪

我四平式。敌劈下我器械,抢步入我器械中(图 4-2-7、图 4-2-8)。

我左脚向后跳退一步,紧跟着右脚再后退一步,仍是左脚在前,同时,双手持械扎敌胸腹(图 4-2-9、图 4-2-10)。

图 4-2-7

第四章　长棍搏击篇

图 4-2-8

图 4-2-9

图 4-2-10

4. 退步二郎担山

我扎敌头部,被敌方将我棍劈下于身右(图4-2-11)。

图 4-2-11

紧接着,敌方斜劈我头部。我左脚退步后,快速向左转动身体,同时,右手拉杆过头,左脚在前,右脚在后侧对敌人(图4-2-12、图4-2-13)。动作不停,双手持杆扎敌面部(图4-2-14)。

图 4-2-12

图 4-2-13

图 4-2-14

【攻守法则】长器对短器，不可急进猛扎，要防其快步入怀。只需花枪上下左右让其防护，见机即可发扎。敌退时不必追太急，注意控制距离。如敌人进步太快，我可用棍根或棍头左右上下搬打攻进来的敌人，此为长器短用之法。

5. 退步捧枪 / 进步左右搬打

我持械扎敌头部左侧。敌人持短棍将我器械由上向其左下方

149

劈开（图4-2-15）。紧接着，敌进步劈我头部。我急忙跳退步，将器械根部朝上拉起，棍头在下架开劈来之棍（图4-2-16）。紧接着，棍头向左横拨敌棍，右脚向前过步，以棍根搬打敌人头部（图4-2-17、图4-2-18）。敌人若退步拨开我棍。我顺其拨我棍之势，再以棍头搬打其头部（图4-2-19）。

图4-2-15

图4-2-16

图 4-2-17

图 4-2-18

图 4-2-19

第三节 长棍实战应用——对软兵

软兵有很多,但在基本特点及运用方法上多类同,所以,没有必要全部罗列出来进行讲解。今只以本人练功用较粗重之铁索为例进行简要论述。铁索长度约等于九节鞭长度。其余软兵如绳镖、流星锤、软鞭、七节鞭、九节鞭、十三节鞭等之应对方法均以此类推。战例示范如下。

1. 开门避户乘虚而入

敌方持软兵做正五花左右劈击(图4-3-1~图4-3-3)。

图4-3-1

图 4-3-2

图 4-3-3

我立中平势,稍退步后闪,待其劈击间隙,突然进步刺喉(图 4-3-4)。

【动作要领】先退步诱敌跟进,移动中其挥鞭速度会略为减慢,随其鞭突然跃进敌方中门。此势也适用于我方持短棍时做以上攻击,但需要更加灵快的步法,有一定的难度。如敌方软兵再长,我就需要更快的身法、步法做连续快速的移动,靠近敌人去打击他。

图 4-3-4

2. 风魔扫秦夺鞭式

我持棍,开上盘门户(图 4-3-5)。

图 4-3-5

敌方持软兵由上向下劈击(图 4-3-6)。

我持长棍迎击其鞭头部位,使其缠绕棍头部位,紧接着,猛然旋腰,以棍头发力向左后方捋带,将其鞭挑飞(图 4-3-7、图 4-3-8)。

第四章　长棍搏击篇

图 4-3-6

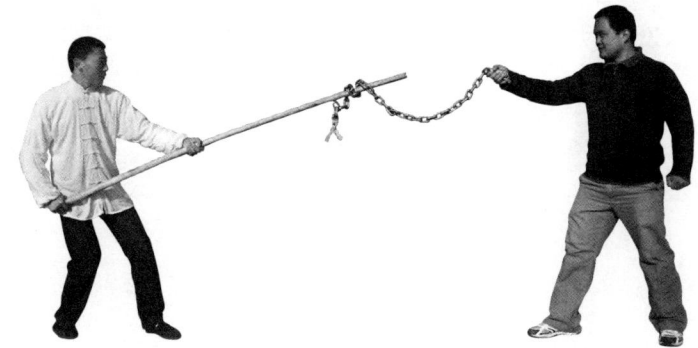

图 4-3-7

图 4-3-8

155

【说明】棍头迎鞭头时不要向前抢步。注意鞭体缠绕棍体时，自己不要被鞭头击中。不可迎击鞭体中部。

3. 渴龙奔江夺鞭式

我持棍，开上盘门户（图 4-3-9）。

敌方由上向下斜劈（图 4-3-10）。

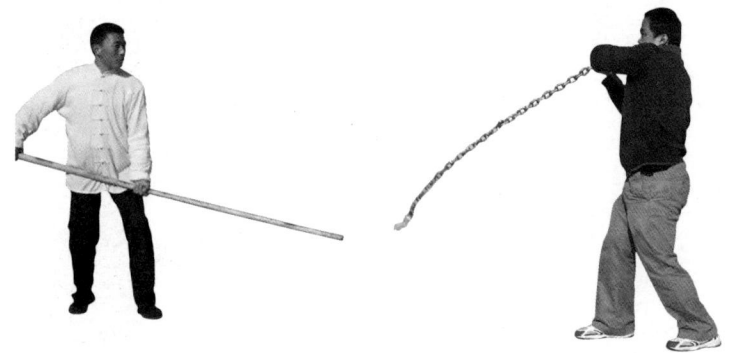

图 4-3-9

图 4-3-10

我双手持棍竖起,迎截敌方之鞭头部位,使其缠绕棍头,紧接着,步子向前移动,棍根竖起,棍头向前下方垂下(图 4-3-11、图 4-3-12)。动作不停,猛然向左旋腰,头要领起,以棍头发力向左后方捋带,将敌人器械夺下(图 4-3-13)。

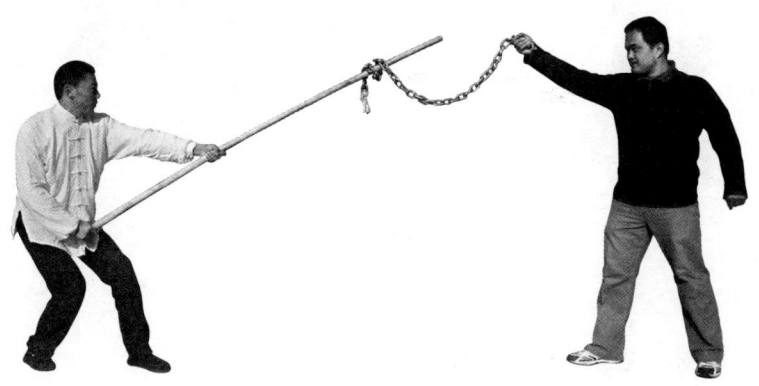

图 4-3-11

图 4-3-12

图 4-3-13

4. 秦王磨旗夺鞭式

我持棍，开上盘门户（图 4-3-14）。

敌方挥鞭横扫。我身体蹲坐，将棍头竖起迎截敌方鞭头部位，使其缠绕棍头（图 4-3-15）。持棍由左向右上方划圆猛然卷起，将敌器械挑飞（图 4-3-16~图 4-3-18）。

图 4-3-14

图 4-3-15

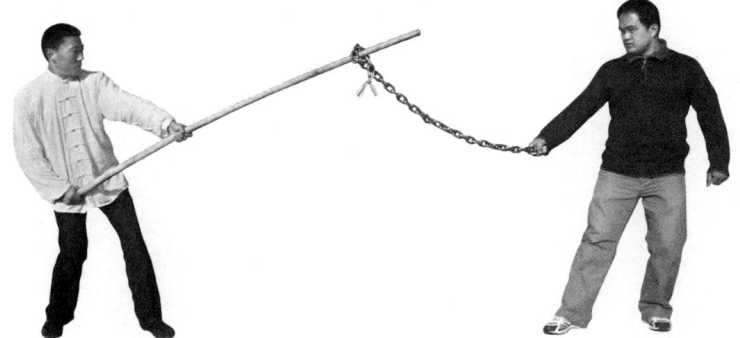

图 4-3-16

图 4-3-17

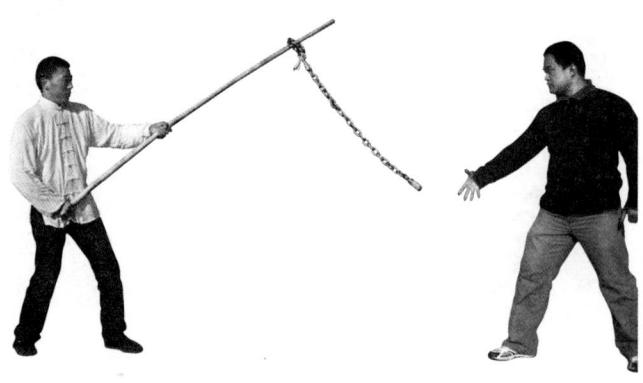

图 4-3-18

5. 吃鞭还鞭

我持棍,开上、中盘门户(图 4-3-19)。

图 4-3-19

敌方持鞭挥击我左侧。我竖棍,以棍头迎截鞭头部位,使其缠绕棍体(图 4-3-20)。紧接着,左脚向前踩进一小步,同时,以棍头向前上方敌人头部发力,将鞭送回,以达到击打敌人头部的目的(图 4-3-21、图 4-3-22)。

第四章 长棍搏击篇

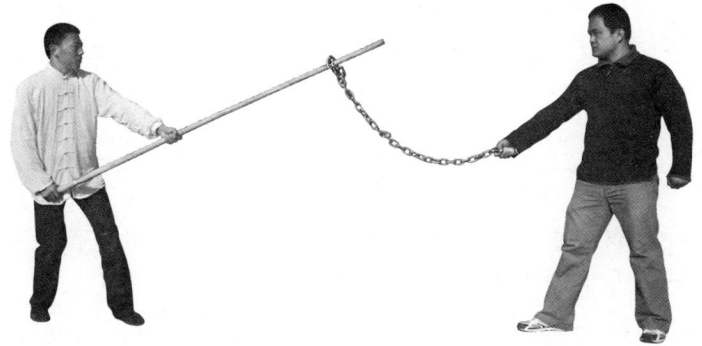

图 4-3-20

图 4-3-21

图 4-3-22

【说明】前面的长棍应用部分多为心意门中的大枪术。由于大枪枪体太长，会影响拍摄效果，所以均以长棍进行示范。如在实战应用中自己的器械长于敌方所持之鞭，那么以上夺鞭方法就不必用，踏中门直取对方要害即可。以上夺鞭方法及吃鞭还鞭，在心意门中本不存在。枪术中有吃枪还枪之法，吃鞭还鞭则直接取自枪法，其他夺鞭技术也均取于枪术。普通鞭法基本上是以上下左右挥击为主，很容易破解。而真正的实用鞭法则主要是以枪术特点和鞭击特点这两大特点组成，有发招隐蔽、快速、猛烈、连贯、破坏力大的特点，较难防范。但以枪法技术仍能轻易破解。这需要眼明手快，更需要平日多进行实战训练，而这种训练是存在一些危险性的，尤其是对于持鞭者来说，不小心很容易被持枪者发力时使鞭体反弹击中头部或是伤及肩关节。所以，在训练时要注意安全，持枪者以找劲为主，不可发猛力，以免造成危险。

第四节　五郎棍实战应用

棍法的实战效果不及枪法，所以一般情况下能使枪法的就不使棍法。棍法有单头用法、两头用法。但棍法中又多含枪法，这使得实战棍法中枪多棍少。如少林以棍扬名于天下，而棍中多为枪法。少林也自喻为"三分棍法，七分枪法，兼枪带棒"。枪的特点是扎，棍的特点为劈打，而棍中也有扎，枪扎要透壁。古代战场上的枪法要求，枪扎要透甲，有"枪不透甲，等于不扎"的说法。有些棍法以劈打为主，常用于敌方进入我长器中，我不得不以头尾搬打近身之敌人。或对方持长器，我入对方长器中，以短制其长，以棍头或棍尾连续击打敌方。所以，在南阳心意中有"棍是两头忙"之说。

1. 五郎棍起式应用技巧

(1) 我左手持棍,棍体靠于肩头,大开右边门户。敌方持长械扎我(图 4-4-1)。

图 4-4-1

我双手快速持棍,以棍头向右猛劈敌方器械(图 4-4-2)。紧接着,左脚踩进一步,以棍尾横击或斜劈敌方头部(图 4-4-3)。

图 4-4-2

图 4-4-3

(2) 我左手持棍，棍体靠于左肩，开右边门户。敌方扎我下盘（图 4-4-4）。

图 4-4-4

我双手持棍，将棍尾竖起，以棍头向左横击敌方器械（图 4-4-5）。紧接着，向上滑打敌方前锋手（图 4-4-6）。紧接着，再以棍尾击打敌方面部（图 4-4-7）。

图 4-4-5

图 4-4-6

图 4-4-7

【说明】左手持棍可正手持握，不必像盘练时那样持握，这样会更加灵活。如此起势时的应敌姿势，可以说根本不合三尖照六合的要求，就连起码的防守意识都没有。这其实是诱敌之法，诱敌发动攻击而捕捉敌方的漏洞。但此势也有一定的危险性，需要平日练习至异常迅速才行，不然难以致用。起势护下即为朝天一炷香，也可以在粘住敌方器械时，瞬间画圆向发上发劲，将敌方的器械挑飞，使敌人身体失去平衡而快速进攻之。棍尾打下可变擎天柱式。

2. 上架棍应用技巧

敌方由上向下击我（图4-4-8）。

图 4-4-8

我双手横棍向上架起，步子须向前移动，上架时向后上方发力，也可向前方推棍，同时，用脚卷打对方胫骨或小腹、裆部等部位（图4-4-9）。落步后以棍头或棍尾劈打敌人头部（图4-4-10、图4-4-11）。

第四章　长棍搏击篇

图 4-4-9

图 4-4-10

图 4-4-11

3. 返身劈棍应用技巧

敌人在背后持械扎我中上盘（图 4-4-12）。

图 4-4-12

我向右转身，棍尾向右侧横击敌器械（图 4-4-13）。紧接着，以棍头劈打敌人头部（图 4-4-14）。

图 4-4-13

图 4-4-14

【动作要领】在做连续劈打的动作中,棍体要在手中来回滑动,这样既能放长击远,又能避免被敌方器械击中手部。滑棍击打时既要灵活快速,又要注意持棍的稳固性,不然遇阻力有可能会从手中滑落。

4. 诱敌技巧

我左足在前,右手提棍于背后,大开门户诱敌来攻。敌方持械扎我中上盘(图 4-4-15)。

图 4-4-15

169

我左脚向后退一步，双手持棍向前下方劈落敌方器械（图4-4-16）。紧接着，刺敌咽喉（图4-4-17）。

图 4-4-16

图 4-4-17

【说明】背后单手持长棍是诱敌之法，需平日练得精熟。可顾上、中、下三盘。顾上、中盘也可用先挑后拿，直刺对方头、面、咽喉。顾下可用扫，紧接着，上步用棍尾捣击敌方胸、腹部。

5. 返身五虎群羊应用技巧

敌方一人或多人在背后刺我上、中、下三盘（图4-4-18）。

我转身伏枪，横击下压其器械（图4-4-19），快速持械刺向敌人咽喉（图4-4-20）。

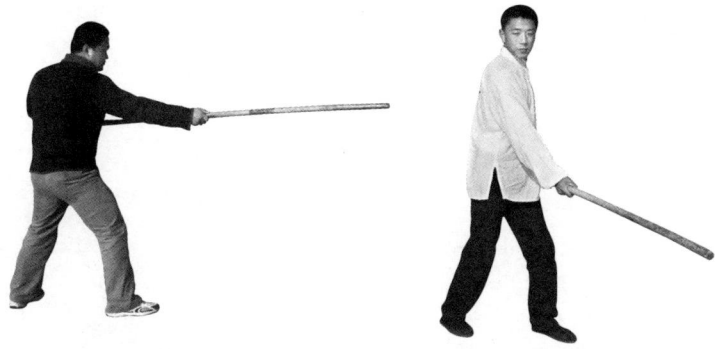

图 4-4-18

图 4-4-19

图 4-4-20

【说明】此势为大枪群战之术，少林棍法中称为群拦。群拦时为由左向右划半圆。

6. 插花盖顶应用技巧

我以棍头斜劈敌人头部左侧。敌人持械招架（图 4-4-21、图 4-4-22）。我忽而又以棍尾斜劈敌人头部右侧（图 4-4-23）。

图 4-4-21

图 4-4-22

图 4-4-23

【说明】此势可先以虚招引敌招架,尔后打其另一侧。也可连续猛力击打,忽然又变另一势击敌下盘。应用时不拘形式,以出奇制胜为上。连续以棍头、棍尾击敌下盘即为翻江倒海。两式均须要棍体在手中灵快地滑动来打击敌人。

7. 旋风棍应用技巧

敌方持械由背后扎我下盘(图 4-4-24)。

图 4-4-24

我持棍向右横击敌方器械，顺势划圆劈扫对方头部（图4-4-25、图4-4-26）。整个动作做圆形运动，由下向上旋转，形如旋转之风，故名旋风棍。

图 4-4-25

图 4-4-26

8. 二郎担山应用技巧

（1）二郎担山应用技巧—破中上盘袭击

我左手持棍担于左肩对敌。敌方持械扎我中上盘。（图4-4-27）

我左足稍向左前方移动一步，紧接着，右脚过步向前，扎敌咽喉或胸、腹部（图4-4-28）。

图 4-4-27

图 4-4-28

(2) 起势二郎担山应用技巧——破下盘袭击

我二郎担山对敌。敌人持械扎我下盘（图 4-4-29）。

图 4-4-29

我双手持棍,向左横开敌方器械同时,向前方挫进反扎敌人下盘,左足提起成金鸡独立式(图4-4-30)。

图4-4-30

第五节　长棍在十大真形中的应用技巧

1. 龙形

我左手左足在前,双手持棍,开左边门户。敌持长棍扎我上盘(图4-5-1)。

图4-5-1

我以棍头向左横拨，紧接着，左足前踩一步，以棍根击敌头部（图 4-5-2、图 4-5-3）。

图 4-5-2

图 4-5-3

【说明】横拨敌方器械时，要致其身体晃动，根基不稳，趁势击打效果更佳。

2. 虎形

我持棍刺敌时，被其抓住欲夺我棍（图 4-5-4）。

我用身劲猛向回一拉，棍头对准对方胸口猛然身体前撞，棍头由下向上击敌胸口（图 4-5-5~图 4-5-7）。

图 4-5-4

图 4-5-5

图 4-5-6

图 4-5-7

3. 鹰形

我持棍，左手手足在前，开上盘门户。敌方持棍扎我胸部（图 4-5-8）。

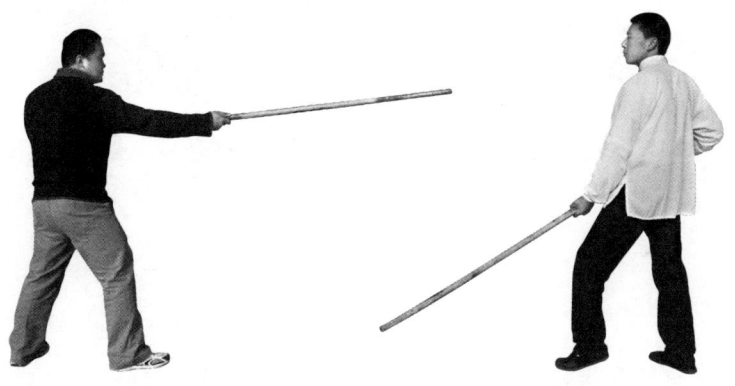

图 4-5-8

我微向左侧闪身，同时持棍向下劈击敌人持械之手（图 4-5-9、图 4-5-10）。

图 4-5-9

图 4-5-10

4. 猴形

我右手右足在前，双手持棍，开上、中盘门户。敌方持棍扎我中、上盘（图 4-5-11）。

我由右向左后方顺其力横击其器械，致其身体产生旋转（图 4-5-12）。左足蹬地，右足向前踩出，以棍头由左向右击敌头部（图 4-5-13）。

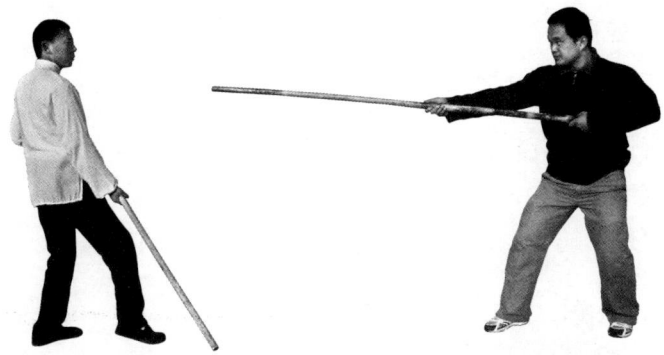

图 4-5-11

图 4-5-12

图 4-5-13

5. 蛇形

我左手左足在前,双手持棍,开右边门户。敌方持械扎我中、上盘(图4-5-14)。

我双手持棍,由左向右划圆,横拨其器械偏离我身,手法不足时,可借助蛇行步,左脚斜进一步,同时,刺敌咽喉(图4-5-15)。

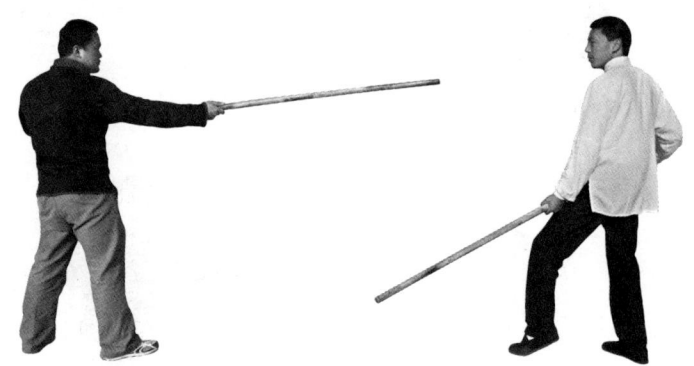

图 4-5-14

图 4-5-15

【说明】蛇形要求发力突然,一拨即进。拨时如蛇分草,刺喉如蛇吐芯。体现一个"毒"字。

6. 燕形

我立四平式,开上盘门户。敌持械扎我上盘(图4-5-16)。我棍由下挑起敌棍,扎敌头部(图4-5-17、图4-5-18)。

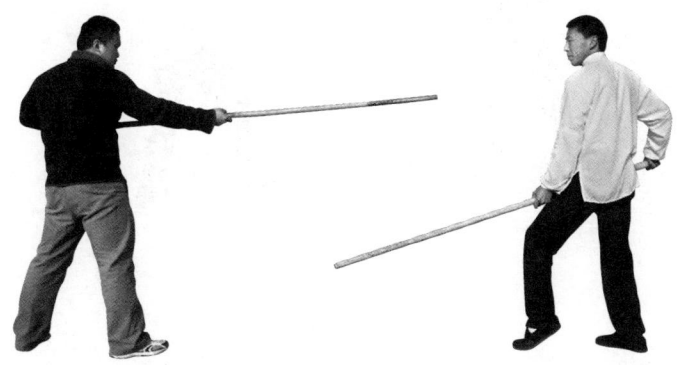

图4-5-16

图4-5-17

图 4-5-18

7. 鹞形

我主动扎敌中、上盘。敌方封下我器械（图 4-5-19）。

图 4-5-19

我顺其力，由下向左上方划圆，突变为下劈敌人手臂（图 4-5-20、图 4-5-21）。紧接着，棍头由下向上快速钻起击敌咽喉（图 4-5-22）。

第四章 长棍搏击篇

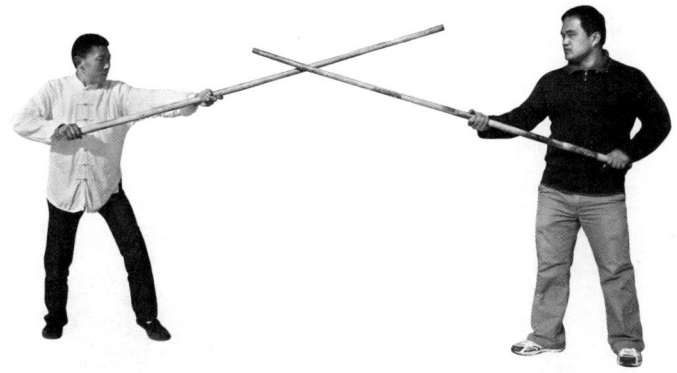

图 4-5-20

图 4-5-21

图 4-5-22

185

8. 马形

敌方持械刺我下盘。我提左足同时，劈敌手臂（图 4-5-23、图 4-5-24）。紧接着，左足落步，直刺对方前胸（图 4-5-25）。

图 4-5-23

图 4-5-24

图 4-5-25

9. 鸡形

我左手左足在前,双手持棍,开中、下门户。敌持械刺我中、下盘(图 4-5-26)。

图 4-5-26

187

我提枪式封住对方器械，紧接着，撩打其膝盖骨或腹、裆部（图4-5-27、图4-5-28）。

图4-5-27

图4-5-28

10. 熊形

我左势低位持棍，开上盘门户。敌持械扎我上、中盘（图4-5-29）。

我捧枪式将其器械开于上，紧接着刺其前胸（图4-5-30、图4-5-31）。

图 4-5-29

图 4-5-30

图 4-5-31

第五章　短棍搏击篇

本篇中之短棍技术借用刀剑之法，其长度与心意双手剑相近，比普通单手运用之刀剑体稍长，力雄于长棍及单手运用之刀剑，比长棍更加灵活，实战效果较为突出。以棍体过脐数厘米为最好。若再短，则实战效果会受到影响，不容易进攻长器。冷兵搏击以枪最为难破，原因是其体长多变、进攻诡秘。古语云："枪为诸器之王。"所以，今之短棍在十形实战中也以破长枪为主旨进行论述。

第一节　短棍在十大真形中的应用技巧

1. 龙形

敌持枪扎我中上盘（图5-1-1）。

图5-1-1

我向右后方开枪，紧接着进步，由右向左横劈其头颈部（图 5-1-2、图 5-1-3）。

图 5-1-2

图 5-1-3

2. 虎形

敌扎我上、中盘（图 5-1-4）。

我持棍下劈敌枪（图 5-1-5），紧接着，右脚向前进步，棍头由下向前上方发力击敌前胸（图 5-1-6）。

图 5-1-4

图 5-1-5

图 5-1-6

3. 鹰形

我持棍，开上、中盘门户，诱敌扎我（图 5-1-7）。

图 5-1-7

我捧开敌枪，进步下劈敌头部（图 5-1-8、图 5-1-9）。

图 5-1-8

图 5-1-9

4. 鸡形

我双手持棍高举,开下盘门户。敌持枪扎我下盘(图 5-1-10)。

图 5-1-10

我向右后方削敌枪杆,紧接着进步削敌手指(图 5-1-11~图 5-1-13)。

第五章 短棍搏击篇

图 5-1-11

图 5-1-12

图 5-1-13

195

5. 猴形

我双手持棍，开下盘门户。敌扎我下盘（图 5-1-14）。

图 5-1-14

我持棍划圆向右横拨（图 5-1-15），紧接着向前落步，挥棍由右向左横斩敌头颈部（图 5-1-16）。

图 5-1-15

图 5-1-16

6. 马形

我双手持棍,开下盘门户。敌扎我下盘(图 5-1-17)。

图 5-1-17

我下劈敌人器械,同时提起右足(图 5-1-18),紧接着,右足向前落步,同时,棍头向前直线崩打对方腹部(图 5-1-19)。

图 5-1-18

图 5-1-19

7. 鹞形

敌挺枪虚刺我上盘。我斜劈其枪杆（图 5-1-20）。

图 5-1-20

敌方忽然闪转刺我左侧头部（图 5-1-21）。我向前猛进一步，挥棍斜劈其枪杆（图 5-1-22），紧接着顺杆搓进劈其手（图 5-1-23）。

图 5-1-21

图 5-1-22

图 5-1-23

8. 燕形

我持棍在敌人枪下。敌刺我咽喉（图 5-1-24）。

图 5-1-24

我棍头向前抄起敌枪（图 5-1-25），紧接着向前猛进，同时运棍下劈（图 5-1-26），紧接着，棍由下穿抄敌胸、腹或下颊等部位（图 5-1-27）。

图 5-1-25

图 5-1-26

图 5-1-27

9. 蛇形

敌扎我头部（图 5-1-28）。我右拨敌枪杆（图 5-1-29）。

图 5-1-28

图 5-1-29

敌人闪转花枪扎我下盘。我左拨敌枪杆并向右前方斜线进一步（图 5-1-30）。

图 5-1-30

敌以磨旗式扫我左侧头部。我由下挑起敌枪杆向上卷起右拨（图 5-1-31、图 5-1-32），紧接着急进右足，挥棍向左横扫敌头部（图 5-1-33）。

图 5-1-31

图 5-1-32

图 5-1-33

10. 熊形

我右手右足在前，开上、中盘门户。敌挺枪扎我中、上盘（图 5-1-34）。

图 5-1-34

我将枪杆由下向上击开（图 5-1-35），紧接着右足猛进一步，同时，以棍头刺击敌胸、腹部（图 5-1-36）。

图 5-1-35

图 5-1-36

第二节 短棍实战应用——对短棍

短棍对短棍实力相当,不可轻易先发。待彼进击,我以后发先至之法将其击伤。待其负伤后,发连环进击之势将其彻底击溃。或在其攻击我时,直击其要害,一击必杀。

1. 闪身劈头

敌方进步劈我头部。我右足向右前方斜进一步,斜劈其头部(图 5-2-1、图 5-2-2)。

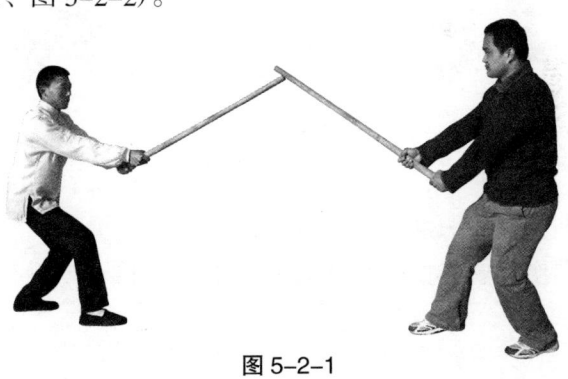

图 5-2-1

图 5-2-2

2. 撩手击头

我棍指右侧,开上盘门户(图 5-2-3)。

图 5-2-3

敌方进步劈我头部。我蹲身下潜同时,运棍由下向上撩敌右手,将其击伤或使其棍脱手(图 5-2-4),紧接着以棍头崩点其头部(图 5-2-5)。

图 5-2-4

图 5-2-5

第三节　短棍实战应用——对长刀

长刀刀体与我之短棍相近，杀伤力较我之短棍巨大。刀锋利可斩截我之短棍，所以不可轻易先发招，应在其攻击时先击伤其持械手臂，再图制服对策。

1. 点腕击头

敌方持刀做左右大力挥击。我稍后退,在敌方跟进挥击时,我急进一步劈点其手腕(图 5-3-1、图 5-3-2),紧接着猛刺敌头部(图 5-3-3)。

图 5-3-1

图 5-3-2

图 5-3-3

2. 粘拦刀击头

我持棍在敌刀之下。敌斜劈我左侧头部（图 5-3-4）。

图 5-3-4

我稍后闪，待其刀劈空时，先以棍头粘压刀头部位，再以棍猛力向左横拨，将其刀横开于左（图 5-3-5、图 5-3-6），趁机猛劈其头部（图 5-3-7）。

图 5-3-5

图 5-3-6

图 5-3-7

3. 粘刀滑打

敌挥刀扫我下盘（图 5-3-8）。

我由上向下粘压住其刀身部位后，顺其力向右划圆拨捋，右足提起（图 5-3-9），一捋之后，就顺刀体向上滑打对方持械手（图 5-3-10），紧接着，猛力劈敌头部（图 5-3-11）。

图 5-3-8

图 5-3-9

图 5-3-10

图 5-3-11

4. 点腕刺头

敌挥刀扫我下盘。

我提右足同时,棍头点刺对方手腕,落右足同时,以棍头刺敌头喉要害(图 5-3-12~图 5-3-14)。

图 5-3-12

图 5-3-13

图 5-3-14

第四节　短棍实战应用——对短刀

或以指上打下、忽左忽右之法，制其短不能御，或以静制动，截后猛击，击飞其短刀或伤其持械手臂，也可阻击其下盘，不使其近身。

1. 指上打下

敌与我对峙而不攻。

我轻击其面逼其招架或躲闪（图 5-4-1、图 5-4-2），继而又戳点其足（图 5-4-3）。待其低头弯腰、眼花缭乱之时，劈刺敌头、面部（图 5-4-4）。

图 5-4-1

第五章　短棍搏击篇

图 5-4-2

图 5-4-3

图 5-4-4

2. 截击

敌人挥刀乱舞，欲威吓迷乱我（图 5-4-5、图 5-4-6）。

图 5-4-5

图 5-4-6

我在其上下乱舞之时，突然劈打其手臂或刀具（图 5-4-7），继而进步横扫其头部（图 5-4-8）。

图 5-4-7

图 5-4-8

【说明】长棍对长刀、短刀原理，基本与短棍对短刀相同，主要是以长制其短，不给其近身机会，更不能轻易深入。古谚云："长敌短不要抢，短敌长不用忙。"

第五节 短棍实战应用——破软兵

1. 虎摆尾式硬夺鞭

敌方持软兵挥击我左侧。我双手持短棍迎截鞭头部位，使其迅速缠绕棍体（图5-5-1），紧接着腰向左旋，运棍向左后方抖然横摆发力，如全身着火，瞬间将敌鞭抖得脱手而飞（图5-5-2）。紧接着向前猛进棍劈敌头（图5-5-3）。

图5-5-1

图5-5-2

图 5-5-3

2. 猿猴献果

敌方挥鞭击我左侧。我以棍头迎截鞭头部位,使其缠绕棍体(图 5-5-4),顺势捧棍快速向前踩进,棍头直刺敌方头、喉要害(图 5-5-5)。

图 5-5-4

图 5-5-5

第六节 双棍实战应用——破枪

在生活中或是影视小说中，经常听到或看到有些人能轻易地空手入白刃或者是短器破长兵。事实上这是很困难的。不仅空手难以入白刃，短器也很难战胜长兵。但在实战应用中以短敌长的情况，有时也难以避免，这也只能说，以短敌长多是不得已而为之。谚语云："一寸长一寸强，一寸短一寸险。"长器抢进，短器就容易得手，如果长器对付短器械用退步，短器又不能快速进身搏击，则持短器者很难取胜。

双棍应用基本采取劈、扫、撩、崩、点、刺等方法，与双刀、双剑、心意双铜应用技巧相类似。在应用时，常以身诱使敌方长器实发，再冒险向前闪身进步，也就是拼命得活，而不能步步退。

1. 以身诱敌

我双棍分于身体两侧,中门大开逼近其长器。敌方扎我头部(图 5-6-1)。

图 5-6-1

我左手棍上撩后向左侧斜劈,右手棍在下护住下盘(图 5-6-2)。紧接着向前进步,左右手棍连续劈打枪杆及其手臂(图 5-6-3),再向前快速移动劈打对方头部(图 5-6-4、图 5-6-5)。

图 5-6-2

图 5-6-3

图 5-6-4

图 5-6-5

2. 诱敌深入

我持双棍挥舞,在与之接触后连续后退,如此反复数次,让其以为我黔驴技穷,诱其向我连续进步(图5-6-6),待其持械再次向我连续追击时,我突然斜身闪进,双棍击打敌方器械中部及其手部(图5-6-7、图5-6-8),紧接着猛击其头部(图5-6-9)。

图 5-6-6

图 5-6-7

图 5-6-8

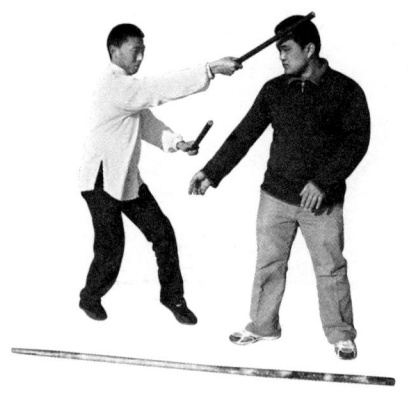

图 5-6-9

第七节 双棍实战应用技巧——破短太刀

基本原则：以己之长制彼之短，退步防其扑身入怀。不要贸然进击。或指上打下（图 5-7-1~图 5-7-3），或先截击敌方的持械手臂，再猛击其要害部位（图 5-7-4、图 5-7-5）。

图 5-7-1

图 5-7-2

图 5-7-3

图 5-7-4

图 5-7-5

第六章　特别传授篇
——日常防暴技战术

日常防暴技战术，以预防为主，技术为辅，防身技术更加便捷、实用。无所谓门派，各种技术均可混合使用。一方面是考虑到没有任何武术基础的人便于模仿学习，另一方面，是想说明普通人和习武者在生活中需要引起注意的多个方面。从技术上来说，很多习武多年者，思想过于保守，在武技上不知变通，只能跳入，而不具备跳出来思考的能力。心意拳讲究死学活用，整学乱用。模仿是学习任何门类的技术之必经之路，也是很重要的基础，但最后都要做回自己，甚至突破形式，达到"拳无拳意无意，无意之中是真意"的层面。

空手入白刃

在生活中，短刀应该引起大家的警惕。因为其隐蔽特性，很难被及时发现，也最为危险，年轻人火气上来是不顾后果的。回头看看早年刚开始习武的时候，也曾因为年轻气盛，常常与人动手比试，借此来验证自己所学武功的实用性，不避危险，无畏后果，且自认为勇敢，常常是"初生牛犊不怕虎"。但也会提醒、告诫自己，别轻易动器械，器械比拳脚的强度、威力大得多，弄不好后果严重。

学习实用武功要了解常识，不要搞神秘。赤手空拳去对付持刀歹徒是非常危险的，那只是没有办法的办法。生活中有不少年轻人身上都常常带着小刀，极度危险。在冲突中，太多人在没有准备的情况下，就受伤倒下了。所以，空手夺刀是件很不容易做到的事。

笔者并没学习过空手夺刀的技术体系，因为现实生活中我们很难做到，那太危险了。但也确实遇到过这种危险的情况。一次，因为误会，对方突然持刀逼来。事情发生得很突然，自己没有一点心理准备，根本来不及思考。当时自己年轻，胆子也比较大，虽然赤手空拳，但并没有害怕和慌乱，而是看到对方持刀逼来就迎了上去，在反击上做得比较果断，因此并没费什么事，大概几秒钟就把刀夺下。幸运的是自己没有受伤。但并没有觉得自己真的善于夺刀，只是侥幸成功而已，如果稍有差错和犹豫，极有可能受伤。所以，如果你不是尉迟敬德（尉迟恭有空手夺槊的本领）就不要想着能空手夺刀。在晚上，像匕首类的短刀隐蔽性较强，有时是很难被及时发现的。最明智的解决方法不是冒着生命危险上去空手入白刃，逞血气之勇，而是应尽力避免或快速远离危险的境地，不要拿自己的生命开玩笑。空手入白刃，是没有办法的情况之下采取的救急措施，需要临阵不慌乱，出手要快、准、狠。

有些人教授空手夺刀的技术，技法很复杂，但实战中以简单、快捷的技术最好，复杂的技术需要花很长的时间练习，遇到危险时很容易受伤。并且在慌乱时，也很难实施复杂的技术。戚继光曾说过，平时十分功夫，临敌时能使出二三成就很不错了，太花哨的动作更是不能要的。经过实战的人都知道，简单的技术往往最容易掌握，也最实用。

日常防暴技术范例

一、报纸破短刀

快速将报纸卷成棍状，要卷紧。**要点**：在躲避歹徒的奔跑中完成以上动作。卷紧后的纸张有较强的威力，请轻击一下自己的手腕或者手背，看是否能忍受住它的硬度和冲击力。在不留情面时，虽不致将歹徒手臂打断，40多厘米的长度打飞20多厘米的小刀子应该不难（图6-1、图6-2）。以纸棍头部刺头，劈手腕、手背，足以使人忍受不住它的冲击力。

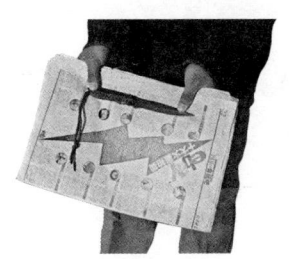 

图6-1　　　　　　　　　　图6-2

1. 反劈／戳面／踢裆

敌方持刀扎我胸、腹部。我稍向左闪，由上向下反劈其手背，要致其匕首落地（图6-3、图6-4），斜劈或戳击其头面双眼部位（图6-5）。紧接着起左脚卷踢对方胫骨或裆部（图6-6）。总之，当歹徒凶器落地后，就要急步赶上进行连环凶猛的打击，不能停留迟疑，以免贻误战机，给敌人创造第二次攻击机会。

图 6-3

图 6-4

图 6-5

图 6-6

2. 劈手 / 戳面 / 踢裆

敌持刀刺我胸腹部位。我稍向右移一小步，闪化同时，反手下劈敌手背部（图 6-7、图 6-8），要将其凶器击落。紧接着，右足向前踩进一步，同时以棍头猛戳敌面部、双眼（图 6-9），再以棍尾下砸敌人头部要害，同时右脚击敌裆部（图 6-10）。

图 6-7

图 6-8

图 6-9

图 6-10

【说明】以上方法虽然简单，仍需平日练得精熟，要求动作宜小不宜大，要准而有力。在对刀具的过程中，不能抢进先攻，只能静以待动进行截击。最理想的是不待其反应，直杀其要害部位。除此之外就是先杀伤其持械手臂，不将其凶器打飞就不宜进身猛攻，被刀具划伤身体的任何部位都是很危险的，所以，没有一击必杀的把握就不要进身作战，以免发生危险。纸棍可以劈、撩、扫、戳，可在平日进行最基本的截击练习，以求得速度和准确性。

二、书刊破短刀

可用书籍以刀棍之法进行截击、劈砍,也可用来夺刀,也可以当暗器突然抛击敌人,之后或攻或退再见机而动。暗器不一定为了重伤敌人,有时起到迷惑、扰乱的作用,然后再乘机而动,或攻击,或撤退。

1. 截击法

截击时有两种持握方法:正手持握法(图 6-11)和反手持握法(图 6-12)。正手持握可下劈(图 6-13),可横扫(图 6-14),

图 6-11　　　　　　　　图 6-12

图 6-13

可由下向上撩打（图 6-15）。反手持握可反劈（图 6-16、图 6-17）、横扫（图 6-18），由下向上撩打（图 6-19、图 6-20）以及抛打（图 6-21、图 6-22）。抛打不一定能击伤对方，或不一定能击中对方，其目的是扰乱、迷惑对方，趁机进行攻击或夺刀。

图 6-14

图 6-15

图 6-16

第六章 特别传授篇——日常防暴技战术

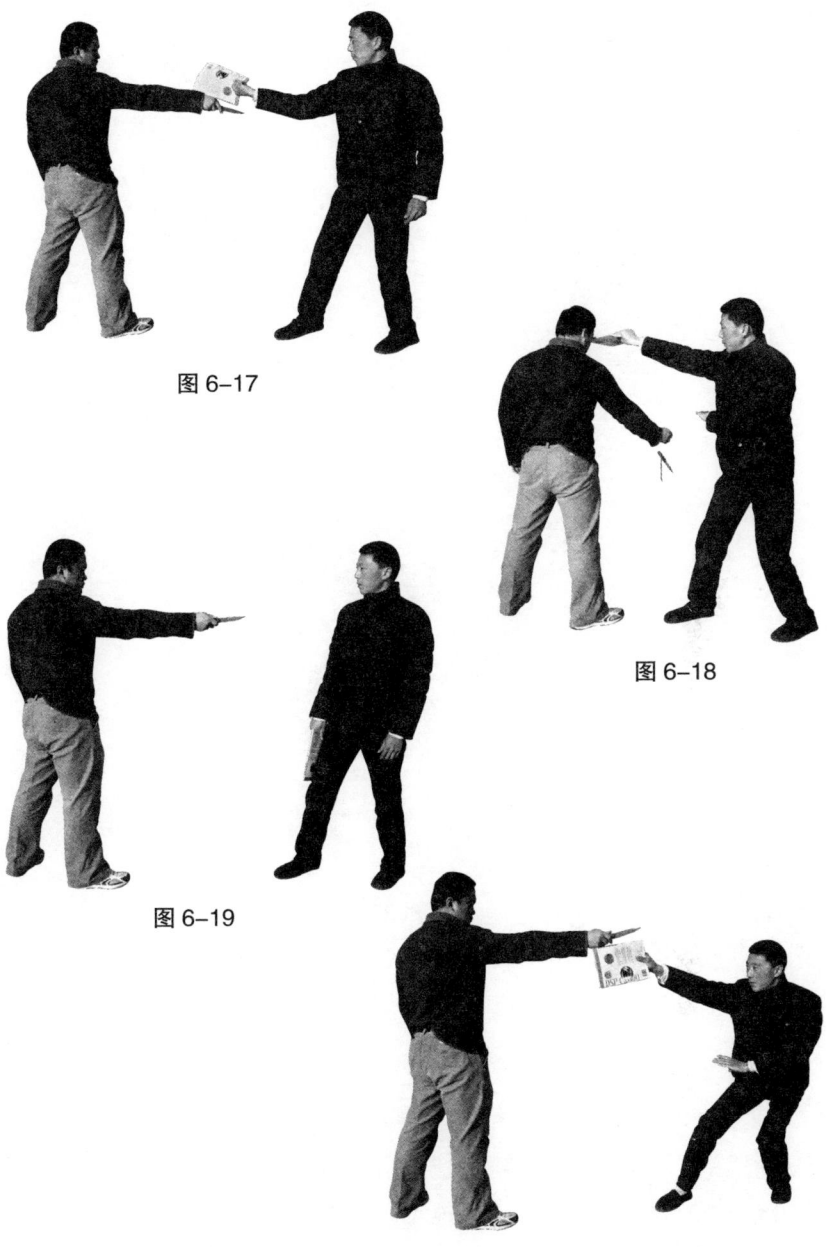

图 6-17

图 6-18

图 6-19

图 6-20

235

图 6-21

图 6-22

2. 夺刀法

敌人持刀抵住我颈部（图 6-23）。

我身体向左稍移，并用左手向右推，抓住敌手臂，避开刀锋，这点很重要。用打开的书籍夹住短刀（图 6-24、图 6-25），双手抓紧书籍向左拧转，同时下压刀体至刀柄翘起（用反关节技法将刀夺下）（图 6-26~图 6-29）。夺刀，不仅需要非常敏捷的身手，还需要

第六章 特别传授篇——日常防暴技战术

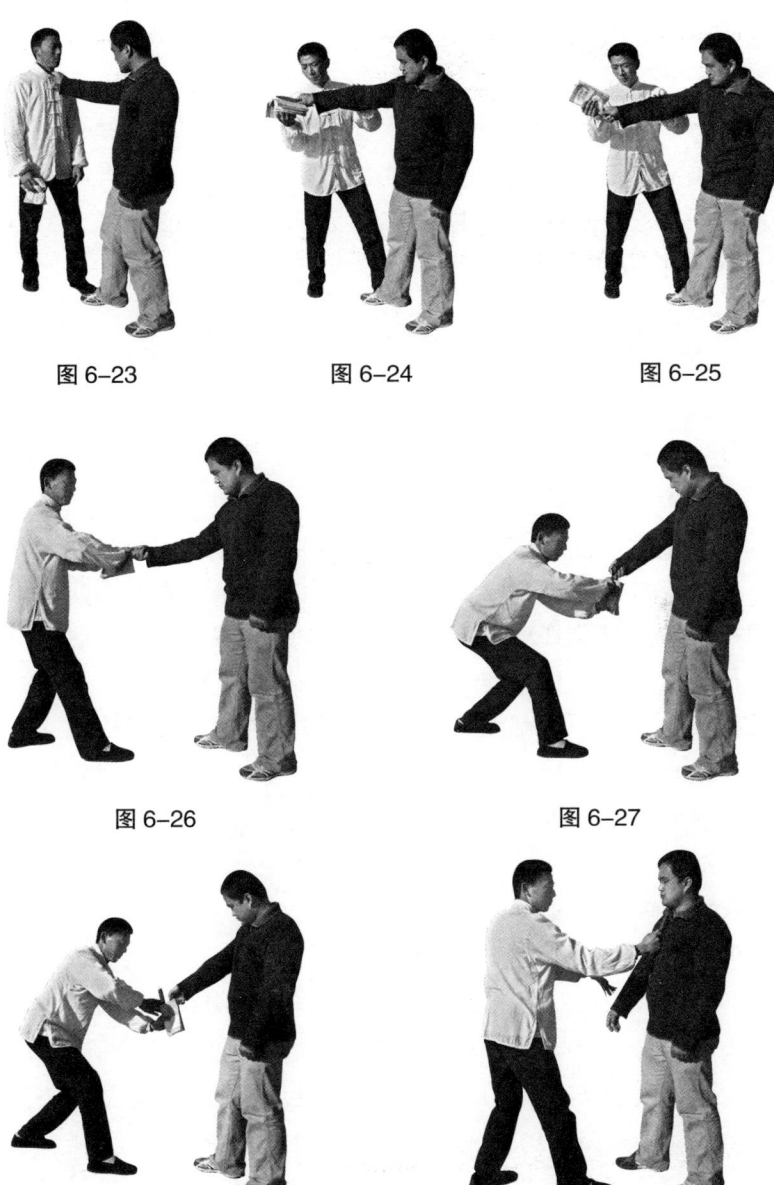

图 6-23　　　　　图 6-24　　　　　图 6-25

图 6-26　　　　　　　　图 6-27

图 6-28　　　　　　　　图 6-29

237

有一定的力量、策略和胆量。此技术难度较大，较为复杂，难掌握，有很大的风险性，不如击打简单直接，在我方处于被动情况下时，夺刀很难成功。所以，在使用夺刀技法时要特别慎重！可考虑，在一手推、抓、控制住敌方持械手臂部时，采取以书角或手指迅速戳击对方眼睛，用脚跺踩敌方脚面的方法，迅速奔跑脱离险境。也可在控制住敌方持凶器手臂且无危险时大胆进身攻击敌方要害，不利时迅速脱身，果断撤离，图略。

三、衣物破短刀

有很多人在教授夺刀技术时，都会采用衣服来缠绕歹徒的手腕以图夺下歹徒手中凶器的做法。而在真实的情况下，歹徒都是飞快地挥舞着凶器，不仅没有充分的缠绕时间，即使歹徒手腕被缠，也很不容易将刀夺下，不是歹徒用力一拉将衣服割断，就是在缠绕过程中被割伤或刺中手臂，甚至还会被那些移动速度很快的歹徒扑身入怀刺伤身体。就如拳术中的某些擒拿方法一样，技巧性很高，使用起来都不太容易。在拳术中，往往以快速的击打为主，这样不仅简捷，易于实施，还能达到更好的实战效果。所以，在对付持有凶器的歹徒时，要以快速、凶狠、简捷的击打动作为主。

衣物破短刀方法：

可在奔跑中将衣服角迅速系一死扣，越紧小越好，系好的死扣如锤形。将衣服用双手略加搓拧成绳状，如果用衣服包裹钥匙、石块等小型硬物，如同链子锤、双节棍般使用即可，这样挥击力以及破坏力会大大增强，很具威力，击中歹徒头部时，足以致其丧失行凶能力。对付短刀，仍以截击为主，以退步和左右移动为主。不打飞歹徒凶器不要轻易进身攻击。应用方法一般是先截打其持械手腕、手背，将凶器打飞，再用力挥击其头部（图略）。

四、实用综合格斗术

我们看到现在的专业人士时常提到李小龙先生，认为综合格斗的概念是李小龙最早提出来的。李小龙本人的习武经历和后来提出来的技击理念，是不限定于某一门派的，生活中如此，在影片中也将其武学思想发扬光大。

现在擂台上的综合格斗，虽然规则比较开放，打斗激烈，但并不是真正意义上的综合格斗。我们并不是否定擂台运动员的搏击能力，而是指擂台搏击的概念是体育、娱乐，而并非真正意义的综合格斗。军队的搏击术其实要比擂台技术更加丰富、实用，虽然在徒手格斗的能力上，很多军人无法和高水平的搏击运动员相比，但对于普通人防身来说，其中的很多方法是省力、有效的。

这里所说的实用综合格斗是非擂台式的、无所谓门派的任何形式，可包含各种技击手法和各种器械使用。心意拳原本就是以简捷实用为主，讲究死学活用、整学乱用，而不是摆出某个门派的正宗姿势。要记住，门派是基础，而不是捆绑住你的绳索。

柔弱的女子在受到侵害时，智取很重要，而不是血拼。武功高的人都明白智取的价值。弱女子变为高手太难，需要专业和长期的锻炼才可能达到。因此，在遇到侵害时，应尽量先稳定情绪，在没人帮助的情况下，一开始就激烈地反抗，可能会激怒歹徒，令自己吃亏。防身自卫不一定要战胜对手，很多技巧就是为了让歹徒知难而退，或者为自己逃生创造机会，赢得被援助的时间。有的防卫专家建议弱女子要随身带一支哨子，可以发出尖锐的声音，以引起人们的注意，获得帮助。也可以向某一人求救，而不是多人。

如歹徒靠近你时，虽然有危险，但你也更容易对他下手。如果被歹徒正面搂抱，别忘记自己还有一口雪白有力的牙齿，对付正面搂抱你的歹徒，下嘴咬别留情，攻击位置主要是耳朵、颈部。这个不难做到。提膝顶裆即使还来得及使用，也不能确保击中要害。如果双手向外挣扎，歹徒会更用力地抱你。如果激怒对方，歹徒也有可能杀人灭口。更难对付的，是那些突然从黑暗角落里窜出来对你重击的歹徒，也有从背后锁颈实施犯罪的歹徒。有的歹徒连续作案多起，专门对付下夜班的孤身女子，手段就是背后尾随，突然锁颈。此时，谁都会吓得真魂出窍，使劲挣扎是很不利的，得想办法让他到你的面前来才行。当歹徒和你面对面靠近时，歹徒的耳朵和颈部就完全暴露在你的攻击范围，此时，就是你下嘴的最佳时刻。用双腿夹住歹徒的身体挂在他的身上，咬住后就别松口。这种疼痛痛彻骨髓，足以令任何强壮的歹徒忍受不住。歹徒也可能会疼得嚎叫，你的鼻孔也可以发声，弄出声音让周围的人听到。

很多拳术常模仿动物攻击时的姿态。心意拳模仿动物有"十大真形"；形意有"十二形"。狼、狗咬住了猎物以后，常猛烈地摇头，这样的方式可以撕开皮肉，颇具威力，你也可以试试这种效果。如有机会腾出手来，就抓紧歹徒的头发或搂紧歹徒的头，以防止他会像霍利菲尔德拿脑袋撞泰森一样碰疼你或逃脱掉。你还可以用两只手使劲儿抠按他的眼珠子。也可以不失时机地在歹徒脸上用指甲狠力深划拉几下，这样他就破相了，有了纹身记号就更容易辨认他。牙咬、手抠再加上摇头，这一招"鬼见愁"双管齐下效果惊人，就算瞎不了，也会金星乱冒，临时视物障碍，在他跑路时极有可能被绊倒或撞在障碍物上晕死过去。总之，离近时就下嘴咬、摇头晃脑别放松，就算他是搏击冠军，被咬住后也只能惨叫。哪里方便就狠咬一口吧，手指、手腕、手臂、大腿都是可以的。

五、实用短棍技击术

为说明传统技术,之前的器械练习,较多地遵循了传统技法而进行演示。以下技法为作者多年来总结出的现代技击方法,此次又进行了精简、总结,简单随意,贴近现实,实用价值较高。也可配合心意身法、步法和劲意,进行摆桩作势,也可随意站立,应敌八方。其运动打击方式与传统武艺技法大同小异,但较之传统武艺更容易掌握。实用短棍技击术,主要参考的是刀、剑、枪的运动形式。技击时,主要运用扫、撩、劈、点、刺、挑、击这些基本的技术,适用于现代搏击和街头防身,在形式上较为简单,即使没有武术基础的人也极容易明白,完全可以套用到你所熟悉的各个武术门派中去,或者运用于你所熟悉的各种刀、剑、棍等器械的演练技术中去。尤其是只会套路而不明白技击手法的武术爱好者,可以作为参考。

1. 实用持棍方法

① 正手无棍尾握法(图6-30)。
② 正手有棍尾握法(图6-31)。

图6-30

图6-31

③阴手握法（图 6-32、图 6-33）。

图 6-32

图 6-33

2. 实战姿势

为在搏击中灵巧的移动、有效的攻击和防守反击提供保证。

①警戒势（图 6-34），属常规型实战架式。

②双手低位前平持棍（图 6-35），属多变型实战架式。

③双手低位后平持棍（图 6-36、图 6-37），可应用于变、换把技法，属多变型实战架式。

图 6-34

图 6-35

图 6-36

图 6-37

④垂棍式。a.前手垂棍式（图 6-38、图 6-39）。b.后手垂藏棍（图 6-40），属突发型攻击架式。c.前手垂藏棍（图 6-41）。

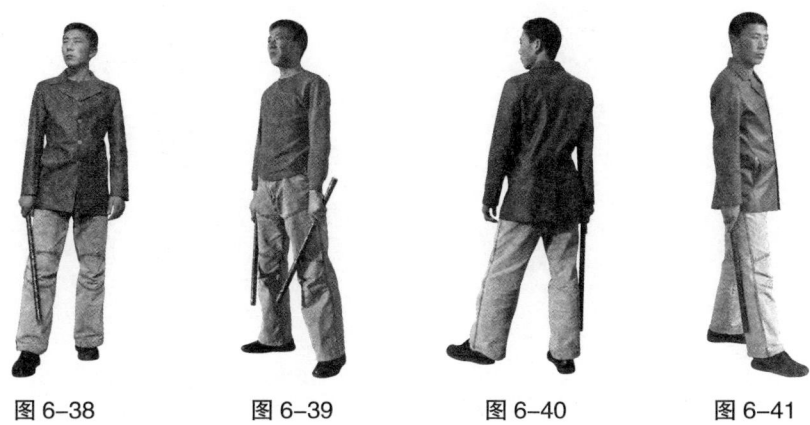

图 6-38　　　　图 6-39　　　　图 6-40　　　　图 6-41

⑤下段侧持棍式（图 6-42），属多变型实战架式。
⑥扛棍式（图 6-43、图 6-44），属威慑型实战架式。

图 6-42　　　　　图 6-43　　　　　图 6-44

⑦高位警戒势（图 6-45），警戒势的微调，属攻击型实战架式。
⑧斜把持棍式（图 6-46），属防守型实战架式。

图 6-45　　　　　　　　图 6-46

3. 基本棍法和主要打击部位

这是刀、剑、棍等器械中最基本的运动形式，任何形式的技艺多从此演化而来。而这也是最重要的攻击手段与练习课程。

① 劈棍（图 6-47），是由上垂直向下击打的一种棍法。它具有准确、快捷、易施用等特点，在练习时请注意弹性收棍。

② 斜劈棍（图 6-48），是以正手从右上斜行下劈的棍法。此棍法快速有力，在实战抗暴中具有较高的实战价值。

图 6-47　　　　　　　　图 6-48

③反劈棍（图6-49），是以反手从左斜行向右下劈击的棍法。

④斜撩（图6-50），是从下向左上方斜行击打的棍法。

⑤反手撩（图6-51），是从下向右上方斜行击打的棍法。

⑥刺棍（图6-52），是以棍头作剑刺击的棍法。

⑦左横棍（图6-53），是由左向右横线扫击的棍法。

图6-49

图6-50

图6-51

图6-52

图6-53

⑧右横棍（图 6-54），是由右向左横线扫击的棍法。
⑨左弧棍（图 6-55），是由左弧线以棍头击打的棍法。
⑩右弧棍（图 6-56），是由右弧线以棍头击打的棍法。
⑪挑棍（图 6-57），以棍尾由下向上击打的棍法。

图 6-54

图 6-55

图 6-56

图 6-57

⑫下段正扫棍（图6-58），由右向左扫击的棍法。
⑬下段反扫棍（图6-59），由左向右扫击的棍法。

图6-58

图6-59

⑭扣锁棍（图6-60~图6-62），是一种缠绕擒拿敌人的技法，能破坏敌方正常的生理活动。

图6-60

图6-61

图6-62

⑮ 点腕棍（图 6-63、图 6-64），是用棍头轻快点击敌人腕部的棍法，源于刀、剑技法。

图 6-63　　　　　　　　　图 6-64

⑯ 脱棍（图 6-65~图 6-68），亦名抛击棍，是一种特殊技法，即谚语中的"撒手锏"或"杀手锏"，可远距离杀伤敌人。其运行方式为旋转飞行，有速度快、杀伤力大、防不胜防的特点。能起到干扰敌方的作用，可趁机进行反攻。适合在敌强我弱时使用，但一击不中也会置自己于不利的境地。

图 6-65　　　　　　　　　图 6-66

图 6-67　　　　　　图 6-68

4. 攻防技术综合运用

单刀看闲手，近距离外围攻防：击头（图 6-69）。

图 6-69

中线攻防：

击头（图 6-70、图 6-71）；击胸（图 6-72）；击裆（图 6-73）。

图 6–70

图 6–71

图 6–72

图 6–73

远距离攻防应用、截击、反击：截其前锋手，攻敌要害（图 6–74、图 6–75）。

图 6–74

第六章 特别传授篇——日常防暴技战术

图 6-75

抢攻技术：

抢攻的关键就是在敌方将动未动之时，或发动攻击中途，或发动攻击刚开始之时，抢先打击敌人。敌不动，我不动，无任何预兆，敌一动，我先动，即以"迅雷不及掩耳"之势，突然对敌发起攻击。主要就是以快制快。应该注意的是，在未动武之前应自然站立，体态安逸，不显示搏斗迹象。突然攻击，往往令敌人防不胜防，命中率高，效果显著。

所谓的内家拳体系，常讲内家拳以静制动，后发先至。其实，动静和先后的问题，都是看敌人的动静而定的，重要的是见机而动，不失去战机，不使自己处于被动。

阳手前垂藏棍式，刺猴（图 6-76、图 6-77）。

图 6-76

图 6-77

阳手后垂藏棍式，上步挑击（图 6-78、图 6-79）。

图 6-78

图 6-79

阴手藏棍式，抢攻（图 6-80、图 6-81）。

图 6-80

图 6-81

警戒势，抢攻在敌方劈击之前（图 6-82~图 6-85）。

图 6-82　　　　　　　图 6-83

图 6-84　　　　　　　图 6-85

警戒势，左手配合快步中线抢进（图 6-86~图 6-88）。

图 6-86

图 6-87　　　　　　　　　图 6-88

左手配合外围抢进（图 6-89、图 6-90）。

图 6-89　　　　　　　　　图 6-90

对付腾空棍法（图 6-91~图 6-94）。

图 6-91

图 6-92

图 6-93

此势看着凶猛，但并不可怕，可以待对方落步未稳时进行打击，也可当敌方在空中时进行打击。需要快速的身法、步法配合。

图 6-94

警戒势，弧线棍法抢攻、击头（图 6-95、图 6-96）。

图 6-95

图 6-96

对付短刀具类：反手棍连续摆击敌方头部（图 6-97~图 6-99）。抢攻劈击敌方头部（图 6-100、图 6-101）。

图 6-97

图 6-98

第六章　特别传授篇——日常防暴技战术

图 6-99

图 6-100

图 6-101

截击技术：

截击即截击敌方兵器或敌方前锋手为先，然后再攻击敌方要害部位。

对短棍、截腕（图 6-102、图 6-103）。

图 6-102

图 6-103

对短刀具类、截腕（图 6-104~图 6-106）。

图 6-104

图 6-105

图 6-106

闪进（击）技术：

在任何情况下，必须利用身法、步法及周围环境的优势，占领最有战略价值的攻防位置。

长兵特点是放长击远，打击面积广，击打力量大。对付长器械要胆大、身法快，要在闪避后抓住战机，敢于近身作战，发挥自己中、近距离的击打优势。对付刀、剑类需特别慎重，进身时必须要做到一击必中、一击必杀。

对特殊器械类，如椅子的反攻（图 6-107~图 6-110）。椅子舞动笨重，不利变化，可一闪即进，连环攻击。

图 6-107

图 6-108

图 6-109

图 6-110

对长兵，如长棍（图 6-111~图 6-113）。对日本剑道的反攻，外围闪进击头（图 6-114~图 6-116）。

第六章 特别传授篇——日常防暴技战术

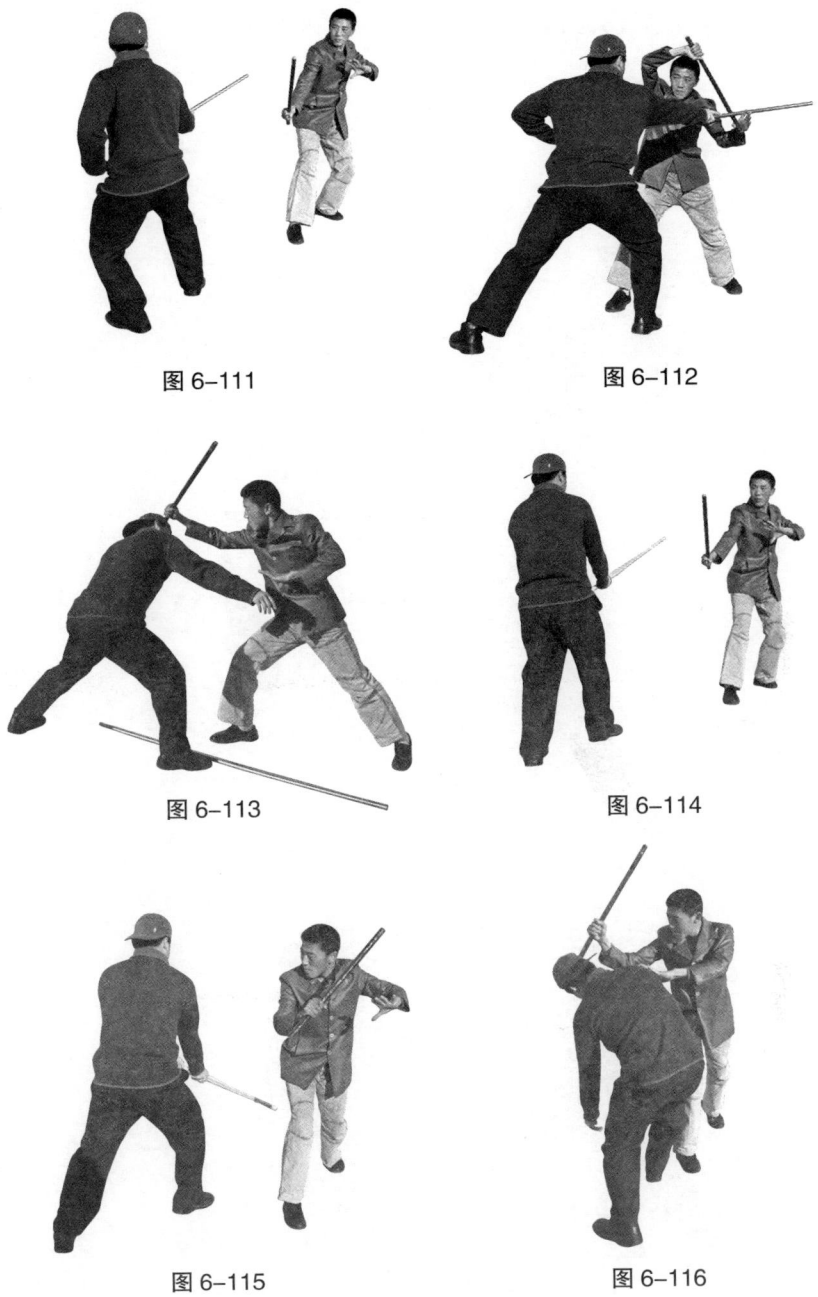

图 6-111　　　　　　　　图 6-112

图 6-113　　　　　　　　图 6-114

图 6-115　　　　　　　　图 6-116

261

对短兵，后闪，急进刺头（图 6-117~图 6-119）。

图 6-117

图 6-118

图 6-119

外围闪进劈头（图6-120、图6-121）。

下潜刺肋、劈头（图6-122~图6-124）。可先配合假动作迷惑敌方。

图 6-120

图 6-121

图 6-122

图 6-123

图 6-124

后闪劈头（图 6-125、图 6-126）。

图 6-125

图 6-126

第七章 心意六合拳体系介绍

心意拳在武林有很大的影响力。经过几百年的传播,已发展得枝繁叶茂,在各地区形成了很多风格特点及不同的心意拳分支。总地归类起来,基本可归属于两大心意武学体系:洛阳心意拳体系、南阳心意拳体系。

洛阳心意六合拳

全国的心意拳本来源自一家,但因为心意拳的传承时间久远,很多历史已很难考证,几十年之间的历史,便常出现矛盾,以至于众说纷纭。自洛阳心意六合拳马学礼宗师开宗立派、传播武学以来,心意拳的历史开始清晰。宗师门下有三位弟子,洛阳马兴、马三元(后迁居繁城)、南阳张志诚阿訇。自此,心意拳由洛阳传出,开花散叶发展到现在,后来又逐渐分化出形意拳、大成拳(意拳),广泛传播于全国各地及世界各地。

洛阳心意由于是发源地,在武林中有着较高的地位,但传播范围很小,几百年来外人是极难接触到的。洛阳心意自马梅虎先生之后,开始广泛传播,比较有影响的是洛阳东关的权天才先生(马梅虎先生的弟子、马宏宪老师的第一位心意拳老师),洛阳塔湾的刘万义、马梦乐(与刘万义先生同为马梅虎先生的得意弟子)。马梦乐先生传夏志诚、金赖、金黑彦、孙顺福、陈明九等先生(以上诸位先生曾在抗日战争时期国民革命军第 88 师做过教官）。金黑彦先生是马梦乐先生的关门弟子，是第五代传人中的代表性人物，在师兄弟中最受马梦乐先生喜爱，因此学艺最全。

金先生武功精湛，演法与打法均具有高深的造诣。金先生传马宏宪老师、马恒斌、马胜利、马平虎、马德运几位先生（以上五人均为洛阳人）。马宏宪老师为金先生大弟子，受老师之意，经常传带同门师兄弟，武功造诣曾得到金先生的肯定，被金先生赞扬说已经超过他的某位师兄。金先生授艺严谨，所传心意拳架无虚招，紧凑巧妙，防护严密，出手动足从不拖泥带水。行拳时刚劲有力，快如闪电，既能强身，又可防身技击。洛阳回族志上曾说："洛阳心意拳能够正确地传承至今，金黑彦起到了决定性作用。"

南阳系心意六合拳

马学礼的弟子张志诚阿訇在学成之后，一直在邓州清真寺做阿訇，传下了很多弟子。心意拳经过张志诚阿訇以及后来弟子们的广泛传播，形成了很大的影响力，被后人称为南阳（系）心意拳。随着时间的推移，发展到现在，南阳心意拳已在形式上出现了多样性，也和洛阳心意拳有了明显的不同。目前，国内传播最广泛的就是南阳系心意拳。

可能有些不清楚心意拳传承历史的读者会产生疑问，当今中国已出现如赵钱孙李等各氏的心意拳，以及某省某市等以地名命名的各种心意拳，这都是怎么回事？什么来历？其实，各地各氏的心意拳，基本上都属于南阳系心意拳的分支。后面会按照传承历史的久远，简略介绍主要的几大分支。较晚出现的心意支系从略。

南阳系心意拳是个很大的体系，主要指的是张志诚阿訇传李祯、张海洲两位先生之后所形成的心意拳系统。李祯先生这一支心意拳传播得最广。

张志诚阿訇（1727—1823）是河南心意六合拳第二代宗师（宗师不是仅有一位）。张志诚阿訇是在河南洛阳清真寺学念经时，随马学礼宗师学习洛阳心意六合拳功夫的。学成后常年在南阳地区各清真寺主持教务，并教授武学，自乾隆至道光元年在邓州市清真南寺任教40余年。后人称张志诚阿訇这一派为南阳心意六合拳。主要传播地是在邓州，属于南阳府。

至今可知的张志诚阿訇的弟子传人有：邓州白金义阿訇，郏县三郎庙人李祯（因善走鸡腿，号称"鸡腿先生"），邓州夏集张海洲（因善使鹰捉把，号称"灭鹫"），邓州大东关人马殿甲（清嘉庆辛未科武状元，也是河南第一位武状元，授振威将军。曾任游击、广东陆路提督、广西提督等职务，也曾赴新疆伊犁平乱），马殿一（清乙丑科武进士，曾任湖北房县守备），马殿试（嘉庆丁卯科武举），南阳青华镇孙万年（武庠生），邓州城西大马庄人马战山（精通四十八马战枪，已失传）。滚滚长江东逝水，逝者如斯，前面所叙述的张阿訇的一些传人，有些也是近些年才被世人知道的，随着时间的推移及各种历史原因，一些传人并没有形成太大的影响力，或并没有将武艺系统地传承下来，很少为世人所知，因此不再详细介绍。在传承上要想有大的影响力，就要多培养人才，多传带徒弟，严守着传统秘不示人，再好的宝贝也发挥不了作用，一门艺术也就逐渐凋零了。真意尽失而徒留形式是很多传统拳种所面临的问题。

除了洛阳嫡系外，现在国内的大部分心意拳传人，主要是李祯、张海洲两位先生这两支心意拳体系的延续。而李祯先生这一支心意拳是传播最广、学者最多的一支。其次，是唐万义先生传播的范围较广、传播弟子人数最多。再往后则是买壮图先生传播最广、名气最大，目前也是国内心意拳主要的流派。

洛阳心意拳也好，南阳心意拳也好，或者各地、各氏心意拳的称呼，都是后人的区分叫法，在以前都统称为心意六合拳，简称心意拳。随着南阳系心意拳的广泛传播，逐渐发展出了一些新的心意分支。主要是经李祯、张海洲传播后，逐渐发展形成的六个传承较早、较有影响力的心意拳分支。

一是李祯传张聚，张聚传子张景根（小字"老根儿"）、买壮图；二是李祯传山西祁县人戴隆邦、戴文良、戴文雄（戴文熊，小字"二闾"），最近这些年被称为戴氏心意拳（由此演化出形意拳、意拳、大成拳、日本太气拳）；三是水家心意拳，这一支心意拳是李祯、洛阳刘万义、开封唐大用三个人传水观澜阿訇及其二子水腾龙、水应龙、女婿山东临清卫守备马步衢（武状元马殿甲之子）；四是唐家心意拳，这一支心意拳也是李祯、洛阳刘万义、开封唐大用三人所传唐万义的心意拳体系；五是李祯晚年传襄县姚仁山一支心意六合拳。以上五个心意分支都是李祯先生所传。六是张志诚阿訇传邓州张海洲先生这一支心意拳。以上第三、四、六项是南阳本地区主要的三个心意六合拳流派。除洛阳心意嫡系之外，国内心意拳都跳不出南阳张志诚阿訇所传的心意拳体系范围。

南阳系心意拳分支介绍

① 李祯传张聚，张聚传子张景根（小字"老根儿"）、买壮图一支。

因各种原因，张景根家传的这一支一直隐藏于武林，并没有产生太大的影响力，知名度（曝光率太低、传人太少）不如买壮图这一支。

心意拳经买壮图先生传播后，形成了较大的影响力。买壮图先生这一支是继唐万义先生之后，河南心意拳至今传播范围最广、名气最大的一支，在武林中几乎是无人不知。买壮图先生这一支经过弟子徒孙的传播、发展，到现在又分化形成了如安徽、上海、周口、山西、漯河、鲁山、武汉等一些地域性的心意拳，发展态势迅猛，影响力较大。当今市面上公开的心意拳分支，多出自这一支心意。总的来说，在形式上这些分支心意拳的风格较为接近，但又有一些区别，各有代表性的传人。买壮图一生传人颇多，其中传安大庆、袁长青、丁兆祥、买学礼、袁凤仪、山西人范万明等人。以后，安大庆传宝鼎；袁凤仪传尚学礼、杨殿青、卢嵩高、宋国宾（汉族）。现在，上海地区的心意拳多为卢嵩高先生所传。另外还有李尊思、纪晋山两位先生。宋国宾先生则传艺在安徽地区。

② 李祯传山西祁县人戴隆邦、戴文雄（戴文熊，小字"二闾"）一支。

此一支，在清末起源于河南十家店，即今天的社旗县，是民国以后产生较大影响力的心意拳分支。和南阳水家的心意拳一样，戴家的心意拳在民国前也基本只在家族内部传承，是不轻易外传的拳种，最近这些年才被门人称为戴氏心意拳。经戴魁先生传播后，影响力也越来越大，传播范围广泛。后来的形意拳出自戴家心意拳的体系，和南阳系心意拳也有血缘关系。形意的名称并不是李洛能先生改动、确立的，称"形意拳"之名，最早公开的文字记载，始于孙禄堂先生民国时期的形意拳著作。有些李洛能先生的传人仍称呼心意六合拳。

③ 南阳水家心意拳。

这是一支家族内部传承的心意拳系统。水氏家族是书香门第、武医传家，有较深厚的国学修养。水观澜为回教清真寺阿訇，属于教内文化领袖。水氏不以教拳为业，故心意六合拳的传播圈子狭小，传人不多，一直是在家族内部流传，与世传的多个支派有很大的不同。保留有心意六合拳谱，既有洛阳马兴一脉心意六合拳的内容，又有南阳张志诚一脉的内容，也有开封唐大用的中原枪法。有

八样身法:束身、长身、定身、拧身、折身、回身、蹿箭身、跳跃身。有六艺、十大真形、单势若干，三拳、七膀、七炮、八样身法、十二大势、四把捶、蝴蝶手等武艺。器械以唐大用所传枪法为主，有大六合枪、中六合枪、小六合枪、六合群枪（又名独行枪）、沥泉枪、青龙出海枪、二龙戏珠枪、缠丝六合枪、岳飞后造十枪等枪法。另外还有五郎棍（又名十三把）、心意六合刀（三十六鸾刀、心意六合拦刀）等。

清道光年间，洛阳心意六合拳马梅虎之高徒刘万义、南阳张志诚之高足李祯、河南开封八大枪手之一的唐大用，三人传武艺于水观澜阿訇及其二子水腾龙（武秀才）、水应龙（武庠生）、女婿马步衢（临清卫守备），以及唐大用之子唐万义。水应龙下传其孙水普慈老师，水老传艺于南阳邓州马雷石老师。

据载，水观澜是河南镇平水沟人，约生于嘉庆末道光初年，卒于光绪二十六年（1900年）。水氏有老五门堂弟兄，观澜排行老四，人称"水四阿訇"。其一生在邓州穰东清真寺任阿訇，精心意六合拳及唐氏枪法、医术。水四阿訇为保护地方的安宁，曾与武状元马殿甲之子马步衢、唐大用、唐万义带领乡人和捻军作战。

水观澜长子水腾龙，字少波，咸丰初年（1851年）生。自幼随父水观澜及李祯、刘万义、唐大用习艺，入庠时县试案首第一，人称武秀才。民国初年受孟县桑坡回族聘任为阿訇，归真于彼。

水观澜次子水应龙，字灵甫，生于咸丰六年（1856年），卒于1944年。自幼随父水观澜及李祯、刘万义、唐大用习艺。与河南著名枪师唐万仪之子、一杆枪名扬九州的唐九洲结拜为兄弟。南阳有八府（水应龙）、九洲（唐九洲）之称。其《自述书》中曰："祖训尤以旧事传家，世袭勿替，诵我教之经，读儒道之书，练强身之武，习救人之医。"论及武功，他写道："虽不能拔山扛鼎，然于马弓能以院首进武庠生，府试宛郡，五百斤之石鼓举不声色，应科省垣三百斤之硬弓折为两段。技击之刀枪拳棒，纵不能捷如轻猿，迅若飞隻，与侪相较未尝落后。"后来，水应龙悬壶济世，移居南阳府。其《自述书》中曰："既从事斯，岂可甘任庸流，窃居虚名，以刀圭做饮对之饵，以人命为儿戏之具。所遇之奇症百端，所起之沉疴无数，用意虽在书理之中，用方却出古人之外。审病相聚精会神，绝不稍为玩忽。用汤则斟酌损益，务期大见效功。"可见水应龙先生文武医等技术造诣很高，在志向、品德上也很令人敬佩。

④ 唐家心意拳。

近几十年，唐家的心意拳感觉有些式微了，原因是多方面的。在清末民国时期，唐家心意拳名气很大，传播最广。以前，南阳地区就是唐家心意拳的天下，这一支心意拳的传人出过不少如武举、总兵等武官。唐氏父子居住、授徒的地方是真正心意拳的拳窝子，一个镇就有数千弟子习练心意拳。唐家心意拳一般为猴架起势，架势较低。本人曾与一位南阳唐家心意拳的传人交流，推双把的功法让本人记忆深刻。跳脚腾跃、左右互换，拳可打四面八方。与我见过的另一位唐家心意拳的传人吕弘扬阿訇的推双把非常不同。

唐家心意拳是唐万义先生集合三家武艺而成，包括心意六合拳大家李祯、刘万义、河南开封朱仙镇著名枪术大师唐大用的武艺。唐万义的父亲唐大用是河南"八大枪手"之一。唐万义先生艺成之后有"中原第一枪"之称。儿子唐九洲落户南阳石桥镇，有"一杆枪名扬九州""枪不扎石桥"的威名。

唐家心意六合拳的内容大致有：六艺、十大真形、单把若干三拳、七膀、七炮、八样身法、十二大势、四把捶、蝴蝶手、百花点将、撩杆腿；器械有六合刀、棍以及六合枪等。唐家心意拳和水家心意拳属于一个系统，是三家武艺的融合。它集合了洛阳马兴一脉心意六合拳的内容和南阳张志诚一脉的心意拳内容，还有家传的中原枪法。有别于李祯先生独传的其他各个心意拳的支系，也与邓州张海洲先生所传心意有所不同。曾经，唐家心意拳是南阳地区心意拳的代表和主流，湖北的心意拳也属于唐家心意拳的分支。上海著名武术家、曾任四大公司镖头的纪晋山先生也属于唐家心意拳湖北分支的传人。

唐万义先生的部分传人有唐九洲、周德文、王子范、王伸、刘二教师、刘三教师、邓州马凤贵、海玉水等。周德文传孙春元、马建章、徐四喜等人；刘二教师传周德恒，周德恒传周华刚；孙春元传刘洪军、买全义、丁长汉、白广发（邓州）、孙科、张永富等人；张永富传侄张秀志；白广发阿訇传子白树宜阿訇；丁长汉传丁功和、吕鸿扬阿訇（镇平）、马振三、吴谦立阿訇、海朝科阿訇等人。海玉水传张玉彩，张玉彩传丁正喜。

吕鸿扬阿訇得到了多支心意拳传人的武功，如水观澜—水应龙—水剑光—邓州马武舜阿訇—镇平吕鸿扬阿訇；买壮图—买学礼阿訇—马玉明阿訇—镇平吕鸿扬阿訇；唐万义—周德文—孙春元—丁长汉—吕鸿扬阿訇。马雷石老师得到过水普慈、刘洪军、张秀志、吕鸿扬阿訇、陈合龙、丁正喜等前辈的传授。

新野县马建章、南阳黄池坡的徐四喜二人传湖北荆州薛子洞（满族）、杨家兴。杨家兴传徐学海等人。薛子洞传上海纪晋山，纪晋山传颜紫元等。河南、湖北等地的心意拳多为唐万义先生的门人弟子所传。

⑤ 李祯传襄县姚仁山一支心意六合拳。

这一支外界知道得比较少，在知名度和传播上不如后起之秀的周口、上海、安徽等地的心意拳支系。但襄县这支心意拳也属于传承比较早的一支，是李祯先生所传。传承脉络为张志诚传河南郏县三郎庙李祯，李祯晚年传襄县姚仁山（回族）。姚仁山传子姚道三、马伦、鲁水聚（芦遂聚，汉族）。鲁水聚传吕应林（回族）。吕应林传王高升、谢小四、姚国堂、杜长坤等。这一支的详细情况外界了解得比较少。也有另一种传说，襄县的心意拳是由张聚（李祯的弟子）传姚仁山的。总之，自姚仁山以后，传承脉络就清晰起来了。

⑥ 张志诚阿訇传邓州张海洲。

邓州属于南阳地区，而张志诚阿訇一直在邓州清真寺任教并教授心意武学几十年。这一支是张志诚阿訇的弟子邓州张海洲先生所传，属于南阳心意较久远的一支，但与外地的心意拳区别较大。这一支与形意拳在功架、用劲上有很多相似之处，和太极用劲也有一点相通之处，区别在于常见的太极多为定中发劲，而此支心意拳和各地的心意拳、形意拳均为动中发整体劲。桩步则与八卦掌比较接近。身法要求含胸拔背，头顶项竖，两膝要内裹，裹胯护裆，行步如犁地，劲发拧裹螺旋。

在以前，这一支心意拳外地人知道得很少，直到陈合龙先生传至马雷石老师等师兄弟几个之后，才在近代公开传播，当代的影响力和知名度已越来越大。陈合龙是这一支的重要传人，经张海洲传吴太廉、李六合、刘化鸟。吴太廉传吴喜林、吴太秀、吴太兴。吴太秀、吴喜林传陈合龙。陈合龙传陈同林、陈泽勤、苏振东、马雷石。

陈合龙先生是位普通的农民，因为在抗日战争时期曾一人赤手空拳干掉了三个戏耍他的日本侵略者，并缴获了敌人的枪、马和战刀，于是名声大振。杀了日本人之后，陈合龙先生被国民党保安团聘请做了武术教官。

目前，此支心意拳已是南阳地区的代表性拳种，河南省非物质文化遗产。现任南阳武协副主席、邓州市武协主席马雷石老师是这一支心意拳的主要传承人。马雷石老师继陈合龙先生之后，是对此支心意拳贡献最大、授徒最广的心意拳传人，对南阳系心意六合拳的各个分支了解得最为详细。马雷石老师以陈合龙先生的心意拳为根基，后又向南阳地区多位有代表性的老一辈心意拳师学习，包括水家的心意拳、唐万义这一支的心意拳、少林派的心意把（孙和尚传谢龙德）等武术流派。

心意六合拳与少林心意把

　　有些练习所谓"内家拳"的人很轻视少林拳,认为"外家拳"打得噼里啪啦,虽然现在的名气很大,但没有什么内涵,不养人。其实,内外家的说法并不准确,外家拳也是有内养功夫的,主要是要得到明师指点,才不伤身体又容易成功。

　　少林有佛法、易筋经、八段锦(拔断筋)等内养健身功法。其拳谚:"心意把,势法单,它系少林内功拳。拐起毛篮掌宜吐,起落身法随意变。起如举鼎提口气,发'嗯'声落如分砖。运气宜顺为要旨,落下好似撅把般。夜静练势意集中,形似白猿跳山涧。"这说明少林也是内外兼修的。

　　少林派武艺,以心意把为少林武艺中的最高拳法,为少林不传之秘。但心意把到底是由谁传入少林的,目前说法不一,很难考证。这其中,有洛阳心意拳马学礼宗师传拳给少林的说法,另外还有姬龙峰先生传心意给少林寺之说。

　　德建大师则有不同的说法,认为少林心意把历史悠久,更久远的起源可追溯至北宋年间。以下为德建大师所公开的心意把历史渊源。师伯(杨桂吾的师兄张庆贺)给我讲起了形意拳的来历:"形意拳源于少林。相传,北宋末年八十万禁军教头周侗在少林寺学艺,曾得到绝技心意把的顺把一大势(依此说法,此时的心意把早已经存在),后将所学先后传给卢俊义、武松(武松有两个:在杭州曾做都头的武松;水浒小说演绎中的山东阳谷都头武松)及抗金民族英雄岳飞等(存疑,那时称为真武艺且最有效的杀敌武艺是射箭、马术、大枪术等器械搏杀,作为士兵及军官这是很重要的专业技术。作为军事人才和高级将领,万人敌的兵法则更为重要)。现在民间流传的形意拳都和周侗所传的有关。张三丰当时也在少林寺学过心意把斜把的一大势,创立了武当内家拳。又听德禅叔讲,明末的陈王廷曾随李际遇在少林寺永化堂学艺,得到了虚桩等功法。关于周侗、张三丰、陈王廷在少林寺学艺的史料,德禅叔曾亲自看过,原存放在藏经阁里。1928年,军阀混战时石友山(三)火烧少林寺,藏经阁被焚,经书和少林寺的史料全部被烧成灰烬……心意把仅有一大式母把,但变化无穷,称无上禅功。心意把功从不外传。

从少林心意把的传承上来看,寺内最早的传人大约可追溯至清代,至于之前的历史和小说演绎中的传说人物和心意把的关系是否属实,这些都已经很难考证。再加上"经书和少林寺的史料全部被烧成灰烬",就更难以考证了。

少林心意把和南阳系心意六合拳的传人均认为创拳人为姬龙峰(姬龙峰之名在口传中常出现各种名称,如姬龙、姬凤龙、姬隆峰等),而心意门的拳谱"十法"和少林的"释家捶把十要诀"(起源于民国或清末)几乎完全一致。南阳系心意拳拳谱有王自诚序言。马雷石老师分析,少林心意把应晚于六合拳序言的作者王自诚。另据胡正生先生公开的资料显示,我们看到了一些关于少林心意把传人的传承脉络及历史情况,整理如下。括号内为闫无为所注。

姬龙(峰)(约1620—?),明末山西龙凤县人(蒲州尊村人)。是影响中国武术史且具有里程碑的传奇人物。姬龙先祖是公认的心意把的开山祖师,也是六合拳法(部分心意拳、形意拳)的创始人。相传,姬龙祖师中年时期曾在少林寺交流武学10年,融汇少林武学之大成,对其后来成为少林心意把的开山祖师奠定了深厚的武学文化基础。

姬氏下传河南登封人郑武奎(约1660—?)。即武术史上记载的南山郑氏。郑氏下传王志诚(约1680—?)。王志诚传儿子王益、王恺兄弟,晚年曾在少林寺交流武技,下传寺内海法等人。由此可见，心意把的这段传承，最早也要在1760年，即清朝乾隆二十五年前后，否则海法还年龄太小，学艺比较困难。此时，在康熙至乾隆年间，当时最有名的心意拳家也只有马学礼宗师一人。马学礼先生是最早显露真名实姓且最有名声的心意拳传人，之前没有他人。在马学礼先生之后，才出现了姬龙峰创拳之说。

释海法（约1750—?）。他为最早在少林寺内有名系的心意把传人，心意把的存在，自此才真正地开始。这也是颜紫元先生所推断的，少林心意把为洛阳马学礼宗师所传，而释海法可能就是少林心意把的第一代宗师。释海法传徒有湛谟、湛得等。

释湛谟（1780—?），在道光八年（1828年）三月，为满清大员麟庆表演少林功夫。以后，释湛谟下传寂勤，俗名吴古轮，少室山阴偃师市佛光乡杨树庙人。吴古轮再传次子吴山林。吴山林下传有贞绪、德根、德禅、行章、杨桂吾（后经吴山林引荐拜德根为师）、张庆贺、乔黑保（外孙）和其子吴天有、吴有德等人。

释德根（1914—1970）。俗姓韩，河南巩县关帝庙村人。为素端和尚之徒，向贞绪和尚学习武技，后又向吴山林拳师学习心意把。其弟子有杨桂吾、义女陈秋菊、李银章、刘振海、刘存良、韩书斌、朱天喜、石喜文、王西乾等。

杨桂吾（1931—2010），法名释行意。偃师参驾店人。武学、中医系少林嫡派。小时候随吴山林习武，后经吴山林引荐，拜在德根门下。杨桂吾下传弟子有耿顺安、杨启祥、朱旭、丁洪本、释净空、董铁汉、陈世超及长子杨文灿、次子杨文炎、三子杨文超及胡正生等。张庆贺传释德建（俗名丁洪本）、吴南方。

少林心意把还另有一支，为少林寺僧人孙和尚所传。孙和尚之前的师承不详，生卒不详，系原少林寺僧人。1928年石友三火烧少林寺后，他逃至四川省富顺县西门外罗汉寺罗汉洞。民国时期，80余岁高龄的孙和尚，传艺给驻防在四川的南阳大谢庄人谢龙德。

谢龙德，人称谢铁头，谢先生。生于1932年，卒于2006年9

月 25 日，终年 74 岁。谢龙德先生加入过国民党军队，驻防在四川，在国民党陆军峨嵋守备司令部任职。于 1949 年 10 月在四川省大屋岭起义。1950 年随刘邓大军解放川南，后参加抗美援朝，1957 年回乡。

谢龙德习练有少林秘传达摩站功十二势（易筋经）、拔断筋（八段锦）、少林心意把等，传弟子苏振东、马雷石老师等。谢龙德所传心意把，第一把为起势把，一切变化都从此势开始演化，故此势为起势把。其余为抬轿把、撅头把、锄头把、翻身把、双推把、掤斩把、搬钻把、摇闪把、挎篮势。在身法和整体用劲上和南阳系心意六合拳的要求较为接近。共有的特点是侧身、悬脚，取鸡的独立本能。其悬脚虚提，前脚尖点地、内扣，利于前后、左右移动重心，进退时变化灵活，侧身则受敌面小，和南阳系心意熊出洞有相似的特点。

胡正生先生此支心意把的内容包括：练心、练意、练气、练力、练声、练打、练变化、练透风巴掌等。为单势练习，无套路，将起落把、左右把、十字把等把法反复练习并互相配合，根据交手对象的形势变化而变幻无穷，并不拘泥于固定的路数。讲究配合多种内家功法，其中身法包括龙身、鸡腿（寸步）、猿猴不定脚、猴洗面、二郎担山赶太阳、狮子抖毛、蒋公摇辘等。气法有混元气、气包身、点气、开气、化气等；骨法含七拧八吃扭、错骨、磨骨、拧骨、束骨、腾骨等。心意把也可以和秘传的少林二十四路弹腿、十八路罗汉拳、炮捶、小红捶等套功配合练习，即俗称的套把。胡先生认为，心意把绝非是由种地锄镢头等的劳动方式演变而来的（作者认可此观点）。其师杨桂吾先生曾说，少林心意把，只有一把，有两种不同组合，并无外界称的十二把。

胡先生的同门德建法师介绍此支的少林心意把时曾说："心意把又称锄地把或撅地把，为心意把之母，由此可又演变出十二大势，又叫十二把。一、亮翅把；二、反身劈把捶；三、进步劈把捶；四、移身把；五、斜势把；六、顺势把；七、反身推苍把；八、撩阴把；九、腾挪把；十、展翅把；十一、推苍把；十二、虎扑把。"还说："心意把又名锄镢头，是少林寺僧人千百年来自耕自种，自食其力，在田间劳动时受锄地、掘土、摇辘轳等动作的启发，悟出的一门上乘功法。心意把仅一大式和几个侧式。又可演变成十二大式变化，只要练好一个侧式，领悟其中奥妙，就可以变化无穷。"

看来，少林心意把与心意六合拳各支的练法、理念还是有不少区别的。总的来说，各支少林心意把传人都很看重此拳，并认为此为少林不传之秘，是拳中之母，功中之功，是兼顾修习内功与实战技能的上乘拳法。也有人说心意把是把中之王，少林看山门的绝技。

而心意六合拳在民间的传人中也是受重视程度比较高的武艺门类，一直有艺不轻传之说。如心意六合拳中的四把捶，被称为"斗金不换"。心意门内传有："六合自古不轻传，多少奥妙在其间。若教狂徒无知汉，招灾惹祸损寿年。"

第八章　心意六合枪诀拳谱

拳谱的价值

枪诀拳谱被历代武林人所重视，如果手里有一份拳谱，也能说明是有师承传授的。拳械谱是帮助记忆、阐明技击原理、宣扬门派道德思想的理论性资料。有些老师不通文墨，却能非常流利地背诵拳谱。中国武林，习武人历代多是口传身授，不立文字。心意拳的老师一般是不允许学生记笔记的。遗憾的是，有的人在学拳时并没有及时记住老师背诵的拳谱，从而导致失传。

至近代，武林中也出现了一些疑似造假的现象。如戴隆邦《六合拳序》《姬际可自述》《曹继武拳论十法摘要》等，就曾被一些武林人士指出是伪作。据说，在小韩村发现的戴氏家谱，有"戴隆邦""戴文良""戴文熊"字样，而不是戴龙邦、戴文量、戴文薰。武林人士由此推断，乾隆十五年署名为戴龙邦的《六合拳序》应该是后人的伪作，只有伪造者才会把自己的署名写错，假冒戴隆邦名义行自己之目的。戴隆邦在《六合拳序》文中曾提到曹继武，但是，心意六合拳的很多传人都没有听说过这位传人。

武林人士也指出，被冠名为陈长兴太极拳论的《太极拳十大要论》，是民国时期传抄的心意（形意）六合拳《九要论》的内容。原本没有作者署名，署名是后世传人加上去的。从马学礼之后，心意拳的师承是非常清晰的，而形意的传人从民国时期就说法各异，拳术史比较杂乱。

南阳系心意拳枪法简介

南阳系心意拳中的枪法主要以唐家枪为主，也包含有水家枪法、张海洲、陈合龙心意拳系内的枪法。在南阳系心意拳传人中有"会拳不会枪，只会一半"的说法。姜家枪出自丁长汉一支，丁先生也是唐家心意拳中很有影响力的传人。

心意拳大六合枪分为六个回合，每回合六枪，共为三十六枪。明代戚继光《纪效新书》中也载有六合枪。通过对比发现，《纪效新书》中的八母枪、梦绿堂枪法中的八母枪与心意六合枪中的"六枪头"基本类似。谱云："枪法易学最难精，六合变幻巧自生。出神入鬼千万象，手急身轻十二程。速如星火超众技，紧若风雨冠群英。义勇无敌人称羡，豪杰到处有芳名。闻得英雄枪法佳，曾经六合理无差。一技龙枪分内外，三尖矛戟判正斜。"

唐大用先生原传枪法分为步战和马战。步战枪法以骑马步为主。步战时仍然仿效马战枪法，操练拳械，因此这种步型常被称为马步。据说唐万义习练心意拳后，将原有之马步架子改为心意拳的小架子，又称猴架，有蹲束之力。步型、步法为南阳心意的鸡形步，也称剪子股。用枪时力从足发，以足催身，以身催臂，以臂催手，手催枪，劲贯于枪尖，注重步法的移动。如清吴殳《手臂录》曰："其时枪之胜负，全在足之迟速。硬枪妙在进，进则杀，软枪妙在退，退则活。足不如风，不能进退，是竿子之用全在足也。"大枪可以套路的形式进行盘练，也可一势势地单独盘练，也可以二人对扎枪的形式练习技击实战，称之为合杆、粘杆或缠杆子。

古之枪棍制式也有很大差别。棍与眉齐，通常称为齐眉棍，洛阳心意门称为眉齐棍。而枪则长得多。吴殳在《手臂录》中记载，沙家竿子长一丈八至二丈四，杨家枪长丈二至丈八，马家枪长九尺七寸。出土的秦兵俑所持长枪约有五六米长，湖北出土的战国长矛为四米，马家枪长度约在三米左右。枪法在民间传播时，为了方便使用，尺寸有所缩短，成为花枪（短枪）。在近代很多拳种的枪法里，尤其是新编竞技套路的演练中，有棍法、花法、杂技掺杂其中的现象。

历代所传承下来的拳械谱，因传抄日久，并夹带有地方的方言。鉴于各位老师的武学修养及方言土语的关系，难免在口语转换成文字的时候，会出现一些语句晦涩难通的情况，为此，本人根据自己的粗浅理解，在保留原谱不被破坏的情况下，有些地方做了一些备注，不一定正确，括号内为本人备注改动的内容。

心意六合枪谱

第一合　圈枪为母，分劈（分臂、分避、分闭、封闭）捉拿，圈拦护膝，反枪进扎，速手退步，哄进百拿。

第二合　里恍外扎，外恍里扎，先扎穿指，后扎吞袖，跟进跟扎，悬枪要进。

第三合　先有直枪，蜈蚣钻炕，叶底偷桃，抛手捂鸡，扯枪救护，先有拦枪。

第四合　反枪迎扎，闪其里花，闪其外花，里花里摆，里花外摆，鲤鱼叠脊。

第五合　里合外扎，外合里扎，一接二进，三圈四拿，五伏六接，狸猫扑鼠。

第六合　狸猫跟扑，鹞子捉鹌，白蛇上峰，白蛇下峰，黄龙缠杆，乌龙入洞。

心意拳中六合枪诀

　　起手里劈似猴形，外劈折身邪步迎。里拦外伏左右固，那里急扎发枪迎。这里里劈进步扎，那里跳步斜板形。这里束身圈拦固，那里急扎似箭形。这里圈枪闭门势，出枪抖搜快如风。那里紧固闭门势，吃枪还枪不放松。这里退下如败势，劈刷三枪快如风。那里退步圈拦固，这里恍扎紧如风。那里出枪锁口势（封上防上），外劈三枪不留停。那里崩打代枪势，这里闪恍（晃）里劈形。连刷三枪出枪势，紧固又如卷地风。固枪吃枪进枪势，单撒手出似箭形。那里紧固闭门势，这里诈败退步形。那里跳步跟进起，这里速刷不留停。那里左右劈枪势，照样还枪下绝情。封闭进步出枪势，拿枪紧固不放松。金龙缠柱翻身跳，个人束身把敌迎。

心意拳小六合枪歌诀

　　圈枪为母似箭发，分劈捉拿进步扎。圈拦束身盘膝固，四拿五伏跌扑刷。出枪迎面分心刺，那里圈枪进步扎。圈枪狸猫三扑鼠，探枪藏身膝下发。鹞子捉鹌盘膝固，发枪闪电恍（晃）外扎。那里固枪折身势，速手固枪恍（晃）里扎。这里紧刷迎面打，那里圈伏紧固他。这里起枪咽喉扎，那里里劈迎面打。这里照样圈伏刷，这里搜龙左右恍（晃），那里照样两恍（晃）扎。这里刷枪折身披，那里斜步紧固他。迎面齐出争斗势，各自束身防敌家。六合枪威传天下。

心意拳小六合枪论

　　圈枪如箭发，分背去捉拿。圈拦盘膝固，四拿将门把。五伏龙摆尾，圈枪紧固他。那里圈枪进，圈枪近身扎。二次圈枪固，反枪根扑扎。里摆将身固，劈枪把膝扎。鹞子速捉鹌，白蛇吐信发。圈枪进身板，圈伏紧固拉。照样还枪板，圈伏护身拉。闪电左右恍（晃），里劈紧固刷。里恍（晃）外枪进，圈枪把门拉。迎面分心刺，拦合如交杀。

心意六合拳缠丝枪诀

圈缠枪为母，分缠枪捉拿。圈拦紧护膝，反枪去迎扎，迎风接飞箭，五伏跺扑刷。里恍（晃）外钻进，外恍（晃）里扎。跟进左平扎，外拉扑恍（晃）扎。里恍（晃）外钻进，外恍（晃）里枪扎。跟进发平扎，外拉扑恍（晃）扎。里恍（晃）外枪进，叠扑恍（晃）里扎。圈枪紧固身，还枪恍（晃）外扎。里花外摆头，里摆紧固他。又是外枪进，金刀外扑发。那里遮枪顾，外恍（晃）似箭发。圈枪关门固，二次圈枪发。分劈反背固，二次分背刷。圈拦盘膝固，二次圈拦发。搜龙左右恍（晃），现爪把他抓。照样还枪势，圈枪将门把。迎面分心刺，拦合如交杀。

心意六合拳群枪（独行枪）歌诀

青龙出水不须忙，大鹏展翅放豪光。高分里劈往前进，老龙归洞把身藏。

腾落闪电分心刺枪，跳脚还步四平枪（上中下四平）。风魔扫秦前后顾，单撒手如箭穿杨。

左右拦门似虎张，盘腿取果如探囊。外劈里劈子龙枪，外五伏枪保皇娘。

里锁枪立劈曹将，外拿枪张合胆丧。单撒手既上加快，怀抱月站定瓦岗。

薛仁贵瞒天过海，（护上）黑云罩顶出金龙。翻身批闪电击地

（右转身），圈拦好似卷地风。

四封四闭紧身固（紧护身，中平枪），跟进跟扎不放松。风魔扫秦前后顾（前后转身），卸步圈拦去腾空（向后卸敌枪劲）。

五伏好似龙摆尾，渴龙奔江是（似）旋风（滴水势）。滴水溏墙圈枪顾（低位圈拦枪），猿猴闪电下高嵩（提膝滴水）。

折身卸步圈拦式（右转身后退、卸敌劲），秦王磨旗在空中。提步圈拦前后顾，圈枪五伏把门封。圈拦封闭出枪式，收枪怀中抱毒龙。

此枪本是一条龙，千变万化在其中。身如闪电分里外，朝（枪）如风雨任西东。逢掳（贼）一举弓发箭，遇敌几番箭离弓。奇巧高超难敌处，盖世无双逞英雄。

二龙戏珠枪歌诀

二龙戏珠在云中，拨草寻出是金龙。折身外固紧防他，恍（晃）里阐圈枪迎扎。照样还枪不放松，扎裆圈拦把门封。起枪跟步探枪固，拿伏对手如箭形。二龙现爪鬼神怕，折身拉固上天宫。迎面闪电将地崩，圈伏秦王龙摆尾。照样磨旗奔江中，圈枪一起箭离弓。白蛇两恍（晃）飞虎形，照样还枪紧如风。外晃里进分心刺，里花里摆似猴形。那里发枪照样势，迎面劈闪下绝情。外晃里阐圈枪固，太公搬抬不留情。龙戏海珠捞明月，乾坤日月起云风。二次现爪把地抓，下海斩妖如交风。圈枪外伏风调顺，分开圈拦把门封。二龙起娇戏珠势，黑云照（罩）顶不露形。龙出虎坐非凡势，好似二龙起云中。枪要紧固眼放欢，先固本身是真传。固着本身再放箭，敌家一命丧黄泉。

青龙出海枪歌诀

青龙出海去腾空，里晃外扎紧如风。那里分背将身固，迎面即刺下绝情。圈枪为母关门固，分背捉拿似猴形。圈拦盘膝抢（指）裆势，反枪进扎速劈胸。里花里摆劈枪进，外扯里拉把门封。猿猴闪电雷击地，圈伏出拉不放松。六接起枪如闪电，狸猫扑鼠将地崩。迎敌点扎马踏势，迎风接箭紧护胸。搜龙左右里外恍（晃），白蛇两晃现真形。粘枪里劈进身扎，照样还枪快如风。腾拿斜扎七星势，折身拉固如回龙。反枪进扎击珠势，折身探固起在空。劈枪进身将膝扎，鹞子捉鹤把门封。圈缠为母将身固，分缠捉拿外劈形。拦合交杀各停战，每人怀中抱独龙。青龙出海是真传，出神入化紧相连。吃枪还枪刺扎打，抖搜迎扎不非凡。

水氏枪歌诀

圈枪为母如箭发，指挡圈拦把门关。照样还枪三请势，拿伏对手如箭穿。圈枪一起箭离弦，外恍（晃）里阐圈枪固。还枪紧发不放松，白蛇两恍（晃）分闭刷。二次圈枪将地崩，照样指裆把门封。黄龙缠杆去归海，黑虎出窝在其中。渴龙奔江如探海，滴水搪墙紧如风。猿猴闪电下高嵩，外恍（晃）里劈圈拦固，照样还枪不放松。白蛇两晃阐风势，圈枪猿猴把门关。劈闪里阐分心刺，发枪迎敌接飞箭。退步紧固伏枪式，掤打狸猫扑鼠势。白蛇吐信戏清泉，黑龙现爪把地抓。拿伏对手如交杀，龙出虎坐非凡势。好似枪剑遇大家。扎枪要欲急，遇急人不知。学会此枪法，便把敌人欺。闻得英雄枪法佳，曾经六合理无差。一支龙枪分内外，三尖矛戟判正斜。演出班班深藏锐，掀开处处巧映遮。后如美名原不负，击节共赏能不耶。

沥泉枪歌诀

金龙出壳鬼神惊，折身拉固上天宫。迎门劈闪电击地，圈伏出拉不放松。白蛇两晃阐风势，照样还枪快如风。外晃里阐分心刺，里花里摆似猴形。太公搬招指裆势，点扎尤如箭离弓。圈拦猿猴关门势，劈闪似雷将地崩。拿伏紧固独龙势，发枪迎敌把门封。外晃里闸圈枪固，分开捉拿紧如风。圈拦猿猴盘膝势，照样还枪下绝情。青龙起蛟戏珠势，黑云罩顶不露形。龙出虎坐非凡势，好似沥泉遇大鹏。此枪本是一条龙，扎会枪法逞英雄。君子学枪为访友，小人舞弄莫相衡。

心意六合拳岳飞后造十枪歌诀

金刀里对，金刀外对。高分里劈，高分外劈。平扯里拉，平扯外拉。低通圈打，低通拦打。进功（攻）里退，进功（攻）外退。枪法易学最难精，六合变幻巧自生。出神入鬼千万象，手急身轻十二程。速如流星超众技，紧若风雨冠群英。义勇无敌人称美，豪杰到处有芳名。

姜氏大枪歌诀（大杆子）

四封四闭紧固身，圈狼（拦）护膝丹田劲。穿（圈）枪为母中平势，封闭捉拿虎扑羊。缩（束）身进步前后固，红（哄）进百拿人难防。翻身一枪龙摆尾，上扎咽喉下扎裆。要问绝枪谁传授，姜家绝枪威名扬。

枪有三件大病：一、身法不正；二、三尖不照；三、当扎不扎。

六合群枪诀

六合群枪势无比，朝阳刺心人难挤。连三枪或刺咽喉，闪一枪英雄无敌。斩背枪曲指落引，压一枪盖守中门。挑一枪翻穿上下，排一枪双取手巧女纫针。鹞子翻身是截势，迎面劈枪摘真魂。要知此枪名和姓，造打群枪姬凤龙。

注：此六合群枪诀据传说是大字门的枪谱，不同于心意独行枪（群枪）。姬凤龙应该是姬龙峰的笔误。少林心意把的传人把姬龙峰的名字写成姬龙。太极拳家陈鑫的"六合十大要论"中写作姬龙凤。

陈合龙心意十三枪诀

撑、掤、盖、扎、合、拦、支、秀、进、退、左、右、中定。

十三枪即枪法的核心内容，是十三种枪劲，基本包括了枪法的普遍运动规律，是各种枪法的高度总结，涵盖无穷。熟练之后，可随心变化，自由无羁。心意十三枪继承了中华古代武艺中的中原枪法，总结了枪法的常见规律，形式极为简单明了，抛去繁杂的形式，极具实用价值，是传统武艺中不轻易透露的核心机密。在训练时可与拳术同时训练，在南阳心意拳一系中是极简单却又非常经典的实战枪法。

劲意：撑为上、中平之平扫、左右劲；掤为向上之劲；盖为向下之劲；扎是向前之劲；合为向内圈枪之劲；拦为向外圈分闭之劲；支为枪尖朝上、向上之崩劲；秀为枪尖朝下，束身防护下盘之势，右手拉枪高抬过头，枪向左下方或右下方圈拦，可前、后、左、右移动，应对八方。

枪法有三扎：如逢贼盗可扎、酗酒痞混可扎、忤逆之徒可扎。三不扎：年老力微不可扎、仁义忠孝不可扎、年少力弱不可扎。

枪法有三教：忠心孝子可教、仁义信实可教、不染是非可教。

三不教：忤逆之子不可教、酗酒狂徒不可教、没有信行不可教。

诗云：枪法易学最难精，六合变幻巧自生。出神入鬼千万象，手急身轻十二程。速如星火超众技，紧若风雨冠群英。义勇无敌人称美，豪杰到处有芳名。

张海洲系陈合龙传心意三十六鸾（拦）刀

主要刀法：反手撩刀、正反劈刀、卸刀、撒刀（刺刀）、虚步藏刀、背藏刀、裹脑刀、缠头刀。

【说明】起势为虚步藏刀。左足垫步、右足过左足为进步撒刀（刺一刀）。紧接着退步猴架卸刀（防守、卸去对方器械之来力。刀尖朝下，束身防护下盘）。然后进步缠头裹脑。起势从（图8-1）1的位置开始，然后按照1、2、3、4、5、6的数字顺序走六个方位，运用以上刀法，上步转身变换方位，进行走步练习，裹裆护胯走鸡形步，演练至三十六鸾刀路线图1的位置时结束。

六个方位代表群战时，要考虑和应付四面八方之敌人。返身顾后、左右防护的动作比较多，不像外界说的心意拳总是直进直出，走直线演练，心意十二大势、心意老三拳都是转身特别多，十二大势中的起手和老三拳的练习，整个就是身法左右、前后的拧转，类似于八卦掌的动作，步型、步法也基本相同。因为转身动作特别多，很容易转得头晕。此刀法对于提高身法、步法的灵活性和应变能力有一定的好处。与穿九宫的打桩走步类似，主要为了应对群战。

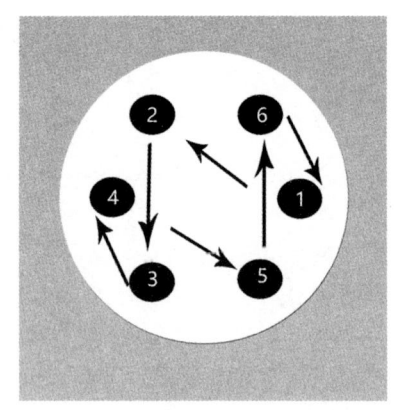

图8-1　心意三十六鸾刀路线图

心意三十六鸾刀，在南阳系心意拳中比较普遍，老一辈的人会的比较多，和心意六合枪、心意双手剑一样都是比较常见的器械。在洛阳心意中称为心意六合刀，几近失传。南阳地区的六合刀每一支也不大相同，有一些区别。水家心意六合拳的六合刀就和陈合龙先生所传刀法不同，虽然同属于南阳体系，传承地也比较近。水氏心意六合拳六合刀共分六合，一合分为六刀，共计三十六刀。砍、劈、扎、拦、带、撩、挂、缠头裹脑，六合刀可一刀一刀盘练，也可作为套路盘练。以下是马雷石老师得自水普慈先生传授的心意六合刀谱。一开势就有鲜明的心意拳特色。从第一势起势上来看，可能来源于洛阳心意，由于传承久远，有了变化，也可能不是洛阳的内容，或出自李祯先生，但这已经无法考证了。因为水家的心意拳是不止三家合一，水氏本身也有武功体系，是多家合一的拳术。如同戴家的心意拳是山东金世奎先生的螳螂拳和河南李祯先生的心意拳合一的结果，也区别于各地区的心意拳。水家心意六合鸾刀第一合：大鹏展翅亮四平，撩刀护膝变七星。扎刀撩背斧砍下，复遇回马孙悟空。第二合：左右拦门紧固势，反身进步飞虎形。一马三刀岳云将，片马尉迟公。跟腿邪行燕青势，抱刀回马孙悟空。第三合：撩眉护膝单插剑，跟腿拨草去寻蛇。反身退步虎摆尾，撩眉护膝紧如风。第四合：收刀回身虎抱头，半轮明月如闪电。背刀山后去藏兵。第五合：扑刀进步斩龙势，反身跟进披三关。复遇诈败回马势，半轮明月转寒山。第六合：金狮跳跳忽忽势，青龙出水现真形。跟腿邪（斜）步钓鱼势，猿猴闪电下高嵩。跨虎飞行登山势，收刀束身定太平。

九要论

一要论

从来散之必有其统也，分之必有其合也，以故天壤间四面八方，纷纷者各有所属。千头万绪，攘攘者自有其源。盖一本可散为万殊，而万殊咸归于一本，事有必然者。且武事之论亦甚繁矣，而要之千变万化，无往非势，即无往非气。势虽不类，而气归于一。

夫所谓一者，从上至足底，内有脏腑筋骨，外而有肌肉皮肤、五官百骸，相联而为一贯者也。破之而不开，撞之而不散。上欲动而下自随之，下欲动而上自领之，上下动而中节攻之，中节动而上下和之。内外相连，前后相需，所谓一贯者，其斯之谓欤。而要非勉强以致之，袭焉而为之也。

当时而静，寂然湛然，居其所而稳如山岳。当时而动，如雷如塌，出乎尔而疾如闪电，且静无不静，表里上下全无参差牵挂之意。动无不动，前后左右并无抽扯游移之形。洵乎若水之就下，沛然而莫之能御。若火机之内攻，发之而不及掩耳。不假思索，不烦拟议，诚不期然而然，莫之致而至，是岂无所自而云然乎。盖气以日积而有益，功以久练而乃成。观圣门一贯之传，必俟多闻强识之后，豁然之境，不废格物致知之功。是知事无难易，功维自尽，不可躐等，不须急遽，按步就序，循次而进，夫而后官骸肢节自有通贯，上下表里不难联络。庶乎散者统之，分者合之，四体百骸，终归于一气而已矣。

二要论

尝有世之论捶者，而兼论气者矣。夫气主于一，可分为二。所谓二者，即呼吸也，呼吸即阴阳也。捶不能无动静，气不能无呼吸。吸则为阴，呼则为阳。主乎静者为阴，主乎动者为阳。上升为阳，下降为阴。阳气上行而为阳，阳气下行即为阴。阴气下行而为阴，阴气上行即为阳。此阴阳之分也。

何谓清浊。升而上者为清，降而下者为浊。清气上升，浊气下降。清者为阳，浊者为阴。而要之阳以滋阴，浑而言之统为气，分而言之为阴阳。气不能无阴阳，即所谓人不能无动静，鼻不能无呼吸，口不能无出入。而所谓对待循环，不易之理也。然则气分为二，而实在于一。有志于斯途者，慎勿以是为拘拘焉。

三要论

夫气本诸身,而身之节无定数,可分为三。三节者,上、中、下也。以一身言之,头为上节,身为中节,腿为下节。以头面言之,天庭为上节,鼻为中节,海底为下节。以中节言之,胸为上节,腹为中节,丹田为根节。以下节言之,足为梢节,膝为中节,胯为根节。以肱言之,手为梢节,肘为中节,肩为根节。以手言之,指为梢节,掌为中节,掌根为根节。观于是,而足不必论矣。然由顶至足,莫不各有三节也。要之,既无非三节之所,既无非着意之处。盖上节不明,无依无宗。中节不明,浑身是空。下节不明,自家吃跌。由此观之,三节之论,岂可疏忽哉!至于气之发动,要皆梢节动、中节随、根节催之而已。然此犹是节节而分言之也,若夫合言之,则上至头顶,下至足底,四体百骸,总为一节,夫何三节之有哉!

四要论

试于论身论气之外,而进论乎梢者焉。夫梢者,身之余绪也,言身者初不及此,言气者亦所罕论。捶以内而发外,气本身而达梢。故气之用,不本诸身则虚而不实,不形诸梢则实而仍虚。梢亦焉可不讲。然此特身之梢耳,而犹未及乎梢之梢也。

四梢维何,发其一也。夫发所系,不列之于五行,无关于四体,似无足论矣。然发为血之梢,血为气之海。纵不必本诸发以论气,要不能离乎血而生气,不离乎血,即不得不兼及乎发。发欲冲冠,血梢足矣!

抑舌为肉梢,肉为气囊,气不能行诸肉之梢,即无以充其气之量。故必舌欲催齿,夫而后肉梢足矣!至于骨梢者,齿也。筋梢者,指甲也。气生于骨而联于筋,不及乎齿,即未及乎骨之梢。而欲足乎尔者,要非齿欲断筋,甲欲透骨不能也。果能为此,则四梢足矣。四梢足而气自足矣！岂复有虚而不实，实而仍虚者乎。

五要论

今夫捶以言势，势以言气。人得五脏以成形，即由五脏而生气。五脏实为性命之源、生气之本，而名为心、肝、脾、肺、肾是也。心为火，而有炎上之象。肝为木，而有曲直之形。脾为土，而有敦厚之势。肺为金，而有从革之能。肾为水，而有润下之功。此乃五脏之义，而必备之于气者，皆各有所配合焉。

此所以论武事者，要不能离乎斯也。其在于内，胸膈为肺经之位，而为诸脏之华盖，故肺经动而诸脏不能静。两乳之中为心，而肺包护之，肺之下、胃之上，心经之位也。心为君，心火动而相火无不动，奉命焉。而两胁之下，左为肝，右为脾，背脊十四骨节为肾。此五脏之位。然五脏之系皆系于背，脊通于肾髓，故为肾。至于腰，则两肾之本位，而为先天之第一，尤为诸脏之根源，故肾水足而金、木、火、水、土咸有生机。此乃五脏之部位也。且五脏之存乎内者，各有其定位，而具于身者，亦自有所专属。领、顶、脑、骨、背，肾也。

两耳亦为肾，两唇两腮皆脾也，两鬓则为肺。天庭为六阳之首，而萃五脏之精华，实为头面之主脑，不啻一身之座督也。印堂者，阳明胃气之冲，天庭性起，机由此达，生发之气，由肾而达于六阳，实为天庭之枢机也。两目皆为肝，而究之，上包为脾，下包为胃，大角为心经，小角为小肠，白则为肺，黑则为肝，瞳之为肾，实为五脏之精所聚，而不得专谓之肝也。鼻孔为肺，两颊为肾，耳门之前为胆经，身后高骨亦肾也。鼻为中央之土，万物资生之源，实乃中气之主也。人中为血气之会，上冲印堂，达于天庭，亦为至要之所。两唇之下为承浆，承浆之下为地阁，上与天庭相应，亦肾经位也。领顶头项者，五脏之道途，气血之总会，前为食气出入之道，后为肾气升降之途，肝气由之而左旋，脾气由之而右旋，其系更重，而为周身之要领。

两乳为肝，两肩为肺，两肘为肾，四肢为脾，两肩背膊皆为脾，而十指则为心、肝、脾、肺、肾也。膝与胫皆肾也，而脚根为肾之要，涌泉为肾之穴也。大约身之所系，中者、凸者为心，窝者为肺，骨之露处皆为肾，筋之联处皆为肝，肉之厚处皆为脾。象其意，心如猛虎，肝如箭，脾气力大甚无穷。肺经之位最灵变，肾气之动快如风。其为用也，用其经。举凡身之所属于某经者，终不能无意焉，是在当局者自为体认，而非笔墨所能为者也。至于生克治化，虽有别论，而究其要领，自有统会，五行百体，总为一元，四体三心，合为一气，奚必昭昭于某一经络，节节而为之哉。

六要论

心与意合，气与力合，筋与骨合，内三合也。手与足合，肘与膝合，肩与胯合，外三合也。此谓六合。左手与右足相合，左肘与右膝相合，左肩与右胯相合。右之与左亦然。以及头与手合，手与身合，身与步合，孰非外合？心与眼合（肝与筋合），脾与肉合，肺与身合，肾与骨合，孰非内合？岂但六合而已哉！总之，一动无有不动，一合无有不合，五形百骸悉在其中矣。

七要论

头为六阳之首，而为周身之主，五官百骸莫不唯此是赖，故头不可不进也。手为先行，根基在膊，膊不进而手则却而不前矣。气聚中腕，机关在腰，腰不进，气则馁而不实矣，此所以腰贵于进也。意贯周身，运动在步，步不进，而意则堂然无能为也，此所以步必取其进也。以及上左必进右，上右必进左，其为七进。孰非所以着力之地欤，而要之未及其进，合周身而毫无关动之意，一言其进，统全体而俱无抽扯游移之形。

八要论

身法维何？纵、横、高、低、进、退、反、侧而已。纵则放其势，一往而不返。横则裹其力，开拓而莫阻。高则扬其身，而身若有增长之势。低则抑其身，而身若有攒捉之形。当进则进，殚其身而勇往直冲。当退则退，领其气而回转伏势。至于反身顾后，后即前也。侧顾左右，左右无敢挡我者。而要非拘拘焉为之也。

必先察乎人之强弱，运吾之机关。有忽纵而忽横，纵横因势而变迁，不可一概而推。有忽高而忽低，高低随势以转移，不可执格而论。时而宜进，故不可退而馁其气。时而宜退，即当以退而鼓其进，是退固进也。即退而亦实以赖其进。若反身顾后，顾其后而后亦不觉其为后。侧顾左右，而顾左右亦不觉其为左右矣。总之，机关在眼，变通在心，而握其要者，则本诸身。身而前，则四体不令而行矣。身而却，则百体莫不冥然而处矣。身法岂可置而不论乎？

九要论

今夫五官百骸主于动，而实运于步。步乃一身之根基，运动之枢纽也。以故应战对敌，皆本诸身。而实所以为身之砥柱者，莫非步。随机应变在于手，而所以为手之转移者，亦在步。进退反侧，非步无以作鼓荡之机。抑扬伸缩，非步何以示变化之妙。所谓机关者在眼，变化者在心，而所以转弯抹角，千变万化，而不至于窘迫者何？莫非步为之司令欤？而要非勉强以致之也。

动作出于无心，鼓舞出于不觉，身欲动而步亦为之周旋，手将动而步亦为之催逼，不期然而然，莫之驱而驱。所谓上欲动而下自随之者，其斯之谓欤？且步分前后，有定位者步也，然而无定位者亦为步！如前步进焉，后步随焉，前后自有定位矣。若以前步作后，后步作前，更以前步作后之前步，后步作前之后步，则前后亦自然无定位矣。总之，拳以论势，而握要者为步。活与不活亦在于步，灵与不灵亦在于步，步之为用大矣哉！

捶名心意。盖心意者，意自心生，拳随意发。总要知己知人，随机应变。心气一发，四肢皆动。足起有地，膝起有数，动转有位。合膊望胯，三尖对照。心、意、气，内三相合。拳与足合、肘与膝合、腰与胯合，外三相合。手心、足心、本心，三心一气相合。

远不发手，捶打五尺以内，三尺以外。不论前后左右，一步一捶。发捶以得人为准，以不见形为妙。发手快如风箭，声如雷崩（奔）。出没遇众围，如生鸟入群笼之状。逢单敌似巨炮摧薄（壁）之势，骨节带势，踊跃直吞。未曾交手，一气当先，既入其手，灵动为妙。见孔不打见横打，见孔不立见横立。上中下总气把定，身足手规矩绳束。既不望空起，亦不望空落。精明乖巧，全在于活。

能去能就，能柔能刚，能进能退。不动如山岳，难知如阴阳，无穷如天地，充实如太仓，浩渺如四海，炫耀如三光。察来势之机会，揣敌人之短长。静以待动有上法。动以处静有借法。借法容易上法难，还是上法最为先。

交（较）勇者不可思悟，思悟者寸步难行。起如箭攒落如风，（追风赶月不放松。）两边提防左右反背如虎搜山。斩捶勇猛不可当，斩梢迎面取中堂。抢上抢下势如虎，好似鹰鹞下鸡场。翻江搅海不须忙，单凤朝阳是为强。云背（遮）日月天地交（变），武艺相争见短长。

步路寸开，把尺劈面就去。上右腿，进左步，此法前进。进人要进身，身手齐到是为真。发中有绝何从（曾）用，解开其意妙如神。鹞子钻林莫著翅，鹰捉四平足存身。取胜四梢要聚齐，不胜必因含射（怯）心。计谋施运化，霹雳走精神，心毒称上策，手狠方胜人。

何谓闪？何谓进？进即闪，闪即进，不必远求。何谓打？何谓顾？顾即打，打即顾，发手便是。心如火药拳如子，灵机一动鸟难飞。身如弓弦手似箭，弦响鸟落见神奇。起手如闪电，闪电不及合眸。打人如迅雷，迅雷不及掩耳。

五道（行）本是五道关，无人把守自遮拦。左腮手过，右腮手去，右腮手过，左腮手来。两手束拳迎面出，五关之门关得严。拳从心内发，捶向鼻尖落。力从足下起，足起快时心火作。五行金木水火土，火炎上而水就下。我有心肝脾肺肾，五行相推无错误。

交手法

占右进左，占左进右。发步时足根先着地（此处为极大的错误，学者勿死背拳谱），脚以十趾抓地。步要稳当，身要庄重，捶要沉实而有骨力，去是撒手，著人成拳。用拳要卷紧，用把要有气。上下气要均停，出入以心为主宰。眼手足随之去，不贪不歉，不即不离。肘落肘窝，手落手窝。右足当先，膊尖向前，此是换步。拳从心发，以身力催手。手以心把，心以手把。进人进身，一步一捶，一支动，百支俱随。发中有绝，一握浑身皆握，一伸浑身皆伸。伸要伸得进，握要握得紧，如卷炮卷得紧，崩得才有力。不拘提打、按打、烘打、旋打、斩打、冲打、锛打、肘打、膊打、胯打、掌打、头打、进步打、退步打、顺步打、横步打，以及前、后、左、右、上、下百般打法，皆要一气相随。

出手先占正门，此之谓巧。骨节要对，不对则无力。手把要灵，不灵则生变。发手要快，不快则迟误。举手要活，不活则不快。打手要跟，不跟则不济。存心要毒，不毒则不准。脚手要活，不活则担险。存心要精，不精则受愚。发作要鹰捉（抓）勇猛，泼皮胆大。机要熟运，勿畏惧迟疑。心小胆大，面善心恶。静似书生，动如雷发。人之来势，亦当审察。脚踢头撞，拳打膊乍，窄身进步，仗身起发，斜行换步，拦打倒身，抬腿伸发，脚指东顾，须防西杀。上虚下必实，诡计不胜屈。灵机自揣摩。手急打手慢，俗言即是真（俗言不可轻），的确有识见。

起望落，落望起，起落要相随，身手齐到是为真。剪子股，望眉斩，加上反背，如虎搜山。三尺罗衣，挂在无影树上。起手如闪电，打下如迅雷。雨行风（鹰捉燕，鹞钻林，狮搏兔），鹰捉兔，鹞钻林，鸡摸鹅，摸塌地。

起手时三心相对，不动如书生，动之如龙虎。远不发手，双手护胸。左来左取，右来右迎，此为捷取。远了便上手，近了便加肘，远了用脚踢，近了便加膝。远近宜知，拳打足踢头击。

把势审人，能叫一思进，莫叫一思退（停）。有意莫带形，带形必不赢。捷取人法，审顾地形，拳打上风。手要急，足要轻，把势走动如猫行。心要正，目聚精，手足齐到定要赢。若是手到步不到，打人不得妙。手到步也到，打人如拔草。上打咽喉下打阴，左右两胁在（并）中心。前打一丈不为远，近者只在一寸间。

身动时如山崩墙倒，脚落时如树栽根。手起如炮直冲，身要如活蛇，击首则尾应，击尾则首应，击中节而首尾俱应。打前要顾后，知进须知退。心动快似马，肾动速如风。操演时面前如有人，交手时有人如无人。

起前手，后手紧催；起前脚，后脚紧跟。面前有手不见手，胸前有肘不见肘。见空不打，见空不上。拳不打空起，亦不打空落。手起足要落，足落手要起。心要占先，意要胜人，身要攻人，步要过人。前腿似跚，后腿似忝，首要仰起，胸要现起，腰要长起。丹田要运气，自顶至足，一气相贯。

胆战心寒，必不能取胜。未能察言观色者，必不能防人。不察形势者，必不能先动。先动为师，后动为弟。能教一思进，莫教一思退。一理运乎二气，行乎三节。三节要停，三心要实，三尖要照，四梢要齐，统乎五行。

明了三心多一力（妙），明了三节多一方，明了四梢多一精，明了五行多一气。明了三节不贪不歉，起落进退多变化。三回九转是一势，总要以心为主，统乎五行，运乎二气。时时操演思悟，勿误朝夕。始而勉强，久而自然。诚哉是言，岂虚语哉！拳术之道，终于此而已矣（盘打时而勉强，工用久而自然。诚哉是言，岂虚语哉）！

六合十要论序

闻之子不语力者，盖尚德不尚力之意也。然夹谷之会必用司马，且曰：吾门有由，恶（言）不入于耳，是武备诚不可少矣。于是乎，顾其身家，保其性命，内有拳尚也。拳之类不一，其端不知创自何人，唯此六合拳出于山西姬龙峰先生。先生明末人也，精枪法，人呼为神。而先生犹有虞焉，先生谓："吾处乱世执枪卫身则可，若处平日，兵刃消灭，倘遇不测，何以御之哉？"于是变枪法为拳法，理会一本，形散万殊。一本者何？心之灵也。万殊者何？形之变也。名其拳曰六合，最要者，前后各六势，前六势勉硬，后六势勉软。且又有刚柔之分，刚者在先，固征其翼，柔者在后，尤寄其妙。亦由浅入深，由显入微，由粗得精之意也。一势变为十二势，十二势仍归于一势。

近世之演武艺者，多惑于异端之说，而以善走为奇，亦知此拳有追法乎？以能闪为妙，亦知此拳有截法乎？以左右封闭为得力，亦知此拳动之不见形，一动则至，而实不及封闭。且即能走、能闪、能封、能闭，必目有所见而能然也。故曰，白昼间遇敌犹可取胜，若黑夜间遇与贼盗、猝遇仇敌，吾本未见其形，将何以避而逃之？吾未见其动，又将何以封而闭之？岂不反误自身乎？唯我六合，心与意合，气与力合，筋与骨合，手与足合，肩与胯合，肘与膝合，练上法与截（捷）法为一贯，虽黑夜间，风吹草动，有声（感）必应，其机自灵，其动自捷，亦不知其所以然也。唯精于此技（是法）者能然耳。然得姬老师之真传者，有其徒南山郑氏焉。郑氏于拳、刀、枪，无一不精，会其意，究其理，因述为论，乃知一切武艺俱出于拳内矣。

后世之习六合拳者,亦各不同,岂其始艺之不类欤?谅以未得其真法也。故差之毫厘,谬之千里,况乎愈传愈讹,且不仅差毫厘耳。予从学于郑氏,得姬氏传,虽未臻佳境,而稍得其详。分为十则,以诲弟子,不敢云能接姬氏薪传也。后世之习六合拳者,亦各不同,岂其始艺之不类欤?谅以未得其真法也。故差之毫厘,谬之千里,况乎愈传愈讹,且不仅差毫厘耳。予幸得学于郑师之门,以接姬老师之传也,得之颇详,故就其论而释之,著为十法摘要,非敢妄行诸世,聊以教诲后进之人云尔。

六合十要论全文

一、三节

三节者,举一身而论之,则手肘为梢节,腹腰为中节,足腿为根节。然分而言之,则三节之中,亦各有三节也。如手为梢节,肘为中节,肩为根节,此梢节中之三节也。头为中节之梢节,心为中节,丹田为中节之根节,此中节中之三节也。足为根节之梢节,膝为根节之中节,胯为根节之根节,此根节中之三节也。总之,不外乎起、随、追而已。盖梢节起,中节随,根节追之,庶不致有长短、曲直、参差、仰俯之病,此三节之则,所以贵明也。

二、四梢

四梢者,发为血梢,甲为筋梢,牙为骨梢,舌为肉梢。四梢齐,则内劲出矣。有谓两手、两足为四梢者,非也。至于齐至之法,必使其发欲冲冠,甲欲透骨,牙欲断金,舌欲催齿,心一颤而四者皆至。此皆为意也非努力强为之。盖气从丹田而生,如虎之狠,如龙之惊。气发而为声,声随手落,手随声发。故一枝动、百枝摇，四梢齐，则内劲无不出矣。

三、五行

五行者，金、木、水、火、土是也。内对人之五脏，外应人之五官。心属火，心动勇气生；肝属木，肝动火焰冲；脾属土，脾动大力攻；肺属金，肺动沉雷声；肾属水，肾动快如风，此五行之存于内也。目通于肝，鼻通于肺，耳通于肾，口通于脾，舌通于心，此五行之现于外也。故曰：五行真如五道关，无人把守自遮拦。此真确论也。其所当知者，如手心通心属火。鼻尖通肺属金，火到金化，自然之理也，余可类推。天地交合，云蔽日月，武艺相争，先闭五行。又曰：四两可以拨千斤。又曰：己为天，人为地，手为云，目为日月，闭己之五行，即以克人之五行。此与四梢法相参。

四、身法

身法有八要：起、落、进、退、反、侧、收、纵而已。夫起落者，起为横，落为顺也。进退者，进步低，退步高也。反侧者，反身顾后，侧身顾左右也。收纵者，收如伏猫，纵如放虎者也。大抵以中平为宜，以正直为妙，与三节法相贯，此又不可不知也。

五、步法

步法者：寸、踮、过、快、践也。如二三尺远，则用寸步，寸步者一步可到也。若四五尺远，则用踮步。踮步者，用后脚踮一步，仍上前脚。若遇身大力强者，则用过步。即进前脚，急过后脚；所谓步起在人落过于人也。若丈八尺远，则用快步，后脚亦必急踮一步，俱不可顾形耳。快步者，起前脚带后脚，平飞而去，并非跳跃而往也。此马奔虎践之意，非艺成者，不可轻用。唯远不发脚而已。如遇人多或有器械，即连腿带脚并践而上，进前脚带后脚，如鹞子钻林，燕子取水，所谓踩脚二起之说也。学者随便用之。总之，法不可执。习之纯熟，用之无心，方尽其妙。

六、手足法

手法者：出、领、起、截也。当胸直出者，谓之出手。劲稍发，有起有落，屈而非屈，直而非直，谓之起手。劲稍发，起而未落者，谓之领手。顺起顺落，参以领搓者，谓之截手。且起前手，如鹞子钻林，须束身束翅而起。催后手，如燕子取水，往上一翻，长身而落。此单手之法也。两手交互，并起并落。起如举鼎，落如分砖，此双手之法也。总之肘发护心，手起撩阴，其起如虎之扑人，其落如鹰之捉物也。

足法者，起翻落钻，忌踢宜踩而已。盖起足望膝，起膝望怀，足打七分而出，而其形上翻，如手之撩阴。至于落则如石之辗物，如手落之拂眉也。忌踢者，脚踢浑身是空。宜踩者，如置毒物于足下。即足落如鹰捉是也，此足之法也。手足之法本自相同，而足之为用，如虎行之无声，龙行之莫测，然后可也。

七、上法、进法

盖上法者，以手为妙，进法者，以步为奇，而总以身法为要。其起手如单凤朝阳是也。其进步以前步抢上，后步随抢步踩打是也。必三节明，四梢齐，五行闭；身法活，手足之法连。而视其远近，随其老嫩，一动而即至也。然其方法有六：工、顺、勇、疾、恨、真。工者，巧妙也。顺者，自然也。勇者，果断也。疾者，紧快也。恨者，动不容情，心一颤而内劲出也。真者，发必中，见之真，而彼难以变化也。六方明则上法、进法得矣。

八、顾法、开法、截法、追法

顾法者，单顾，双顾，上顾，下顾，前后、左右顾也。单顾则用截手；双顾者则用横拳；顾上用冲天炮；顾下用掘地炮；顾前后用前后梢拳，或用前后斩拳；顾左右，则用括边炮，或括身炮。此以随机而用，非若他人之钩连捧架也。

开法者，开左、开右、硬开、软开也。硬开者，如前六势之硬劲。软开者，如后六势之软劲是也。左开用里括，右开用外括。

截法者，截手、截身、截面、截言、截心也。截手者，彼先动，而我截之也。截身者，彼身未动，而我先截之也。截言者，言露其意，而即截之也。截面者，彼露其色，而即截之也。截心者，彼眉喜面笑，言甘貌恭，而我察其有心，而迎机以截之也。是知其截法岂可少哉。

顾法、截法、追法一气贯穿，即所谓随身紧凑，追风赶月而不放松是也。彼虽欲走而不能也，何患其有邪术乎！

九、三性调养

盖眼为见性，耳为灵性，心为勇性。此三性者，艺中之妙用也。故眼中不时常循环，耳中不时常报应，心中不时常警醒，则精灵之意在我，庶不致为人所误矣。

十、劲法

夫内劲者，寓于无形之中，接于有形之表，而难以言传。然其理亦可参焉。盖，心者气之帅也。志者气之充也。心动而气即随之，气动而力即随之，此必然之理也。今以工于艺者言之，以为撞劲者非也。攻劲者非也。即抖劲、崩劲者亦非也。唯粘劲是也。撞劲太直而难起落，攻劲太死而难变化，抖劲、崩劲太促而难为展折。唯粘劲出没甚捷，可使日月无光而不见其形，天地交合而不费其力。总之运于三性之中，发于一颤之倾。如虎之伸爪不见爪，而物不能逃，龙之用力不见力，而山不能阻。如是十法合而为一，而克人岂有不利乎！

岳派心意枪法

闻之子不语力，固尚德不尚力之意也。然夹谷之会，必得武备，是诚武事之不可少也。然世人欲保国家，全性命，非兵法不可。然而兵法种类不同他端，不知造自何人，唯岳派心意枪法，发明于岳武穆，流传至今，真脉仅存一线。当时之习武者，鲜知所宗，大抵皆以架式繁多，虚应好看为奇，而绝不思兵贵神速，人虽有器具，必能使无所用之为妙也。何则？人每以善走为奇，亦知此枪有追法乎？以封为妙，亦知此枪有捷法乎？以能左右封闭为得力，不知此枪之动不见其形，一动即至，而实不及封闭者乎？其机至灵，其动甚捷，风吹草动，有触即应，此枪法中所有之精妙，非精于揣摩者，不能心领之也。至起落二字，习武者无不知之，而究其精，差之毫厘，谬之千里也。况乎愈传愈讹，不仅差之毫厘也。余就其论而释之，仅著十法着要以诲斯人，因作序以志之。

一曰三节

举一身而言，则枪手肘为梢节，腰胯为中节，足腿为根节是也。然分而言，则三节之中，亦各有三节。枪为梢节，手为中，肘为根，此梢节之中三节也。胸为梢，心为中，丹田为根，此中节之中三节也。足为梢，膝为中，胯为根，此根节之中三节也。不外于起随追而已。盖梢节起，中节随，根节追，庶不至有长短曲直之病，参差俯仰之弊，此三节之所以贵明也。

二曰四梢

盖发毛为血梢，牙为骨梢，舌为肉梢，手足指甲为筋梢，四梢齐则内劲出矣。

三曰五行

金木水火土也。内对人五脏,外应人五官。心属火,心急力生。脾属土,脾动大力功。

肝属木,肝急火焰征。肺属金,肺动陈雷声。肾属水,肾动快如风。此五行之存于内也。目通于肝,鼻通于肺,舌通于心,耳通于肾,人中通于脾,此五行之著于外也。故曰五行直如五道关,无人把守自遮拦,天地交合,云蔽日月,武艺相战,蔽住五行,真确论也。

四曰身法

身法有八要:起、落、进、退、反、侧、收、纵而已。夫起落者,起为横,落为顺也。进退者,进步高,退步低也。反侧者,反身顾右,侧身顾左也。收纵者,收如伏猫,纵如放虎也。大抵以中平为宜,以直正为妙,与三节之法相贯,又不可不知也。

五曰步法

步法者,寸步、垫步、过步、(快步)、剪步是也。如二三尺远,则寸一步可到;如四五尺远,则垫一步仍上前步脚也;如遇身大力勇者,则用挪步。挪步者,挪前脚,急跟后脚(此处存疑)。如一丈八尺远,则用快步。快步者,起前脚带后脚,平飞而去,如龙跳跃而往,此马奔虎剪意也。非艺成者,万不可轻用。善学者,随便用之。盖法不可执,习之纯熟,用之无心自妙也。

六曰手法

足法手法者,单手双手是也。枪起如鹞子穿林,须束身束翅而起。枪法(落)如燕子取水,单手扎无影箭,双手推能贯七扎也。足法者,前进后随,左腾右挪,如手法之本相合,而足之为用,亦虎行无声莫测之妙也。

七曰上法进法

盖上法者，以手为妙；进法者，以步为奇；而总之，身法要活。起手如丹凤朝阳是也。有进步、抢步。抢进者，拦扎是也。是必三节明，四梢齐，身法活，五行备。手足之法连，而后因其远近，随其老嫩，一动而就也。然其方有六：顺、勇、急、狠、心、真，俱巧妙也。顺者，自然也；勇者，果断也；急者，紧快也；狠者，动不容情也；心者，心一动怒，而内勔出也；真者，必中的，见之真，而彼难变化也。六工方明，上法得矣。

八曰顾法、截法、追法

盖顾法，已一去用绝户（门户之意）法，蔽住彼兵器而不能动移也。截法者，截器、截心而已。截器者，彼先动，而我截也。截心者，彼未动，而我截也。追法者，以顾法、进法、上法，一气贯通，即所谓随身紧赶，追风赶月而不放松者也。彼虽欲走而不能，何虑有邪术乎？

九曰三性调养法

盖眼为见性，心为勇性，耳为灵性。三性者，艺中之妙用也。故曰眼中不时循环，耳中不时常报应，心中不时惊醒。精灵之意在我，庶不至为人所卖，而无见机之哲也。

十曰内劲

夫内劲者，我以无形之意，接彼有形之表。此其故难以言传者也。然其理亦可参焉。

盖志者，气之帅也；气者，体之充也。意动而力即赴也，此必至之理也。今世之学者，皆以创勔、（攻劲）、崩勔，俱非也。唯粘劙是也。创劙太直，难为起落；攻劙太死，难为变化；崩劙太促，难以展拓。腰背刚硬，形灵而理不灵。唯粘劙又捷又灵，能使日月无光，而不见其形，天地交合，如大风一过，真确论也。

岳夫子曰，鸡腿、龙身、熊膀、鹰爪、虎抱头、雷身（声），以此作六合。五行，四梢，三节，三弯，三心，三义，三尖。夫六合者，手与足合，肘与膝合，肩与胯合。六合随身，一战必取胜。五行者，五行合一处，放胆即成功。四梢者，上已言之矣。但血梢，浑身发毛方是。四梢若要齐，内劙必定足。三节者，梢节不明，多怕缠拿。根节不明，多怕下扎，中节不明，满身皆空。三节分明，准起鼻尖，气落丹田。三弯者，肘为一弯，膝为一弯，胯为一弯。上弯对，则枪法如弩，中弯对，则身活气足。下弯对，则两腿力贯。三心者，手心、足心、本心是也。手心实，则执器固。足心实，则树根立稳。本心实，则敌难夺。三义者，君臣、父子、兄弟是也。三尖者，鼻尖、枪尖、足尖。三尖照，上中下一线，不歪不邪如定南针，则满身无空。假如人用枪扎来，我用青龙摆头加反背，如虎收山，进步拦扎莫容情。抢步抢上十字形如剪刀股，势如擒拿。扎人如走路，看人如蒿草。枪上如风响，起落如箭穿。

遇着（敌）取胜四梢俱要齐。手起足不起是枉然，脚起手不起是枉然。起落者，未起是摘字，未落是坠字。三意不相连，必是学艺浅。枪去莫空回，空回总不奇。兵行诡道，枪法如射箭。兵战煞杀气枪上，一气无不取胜矣。君与臣合，将与兵合，盖乾坤并无反意，内实精神，外似安逸。静似处女，动似猛虎，进似厉雷，退似烈风，捷如腾龙。纵横往来，追影随形，使敌目不转瞬。心与眼合多一明，心与耳合多一灵，心与鼻合多一力，心与舌合多一精。一事精，百事通，总是五行要分明。扎法须要先上身，脚手齐去才为真。枪比箭，龙折身，遇敌好似火烧身。枪比箭，身比弓，消息只在后足蹬。起无影，落无踪，去意（势）好似卷地风。枪起雷，动风向，遇山林无人阻挡。墙倒容易躲，天塌最难防。

心意拳对打歌

二人对立双手按，各拉小势跨非凡。二起飞脚猴观星，你出黑虎掏心拳。我手扒过拗捶势，你拔高出七星连。我崩转身拦腰捶，你格推膀趁势旋，靠看你又来打头，饿虎扑食掤开拳。你格分顶左捶打，我掤一捶巧连环。各拉小身护手势，云手过势蹲平川。你来打头我掤甩，肋中出捶推倒山。我截耳把顺推舟，翻手你在葫芦捶。崩手一捶各摆脚，上步回倒披三捶。合手跺子打虎势，起身落气沉丹田。

第九章　心意门秘传功法集锦

戚继光《纪效新书》中说："拳法似无预于大战之技，然活动手足，惯勤肢体，此为初学入艺之门也。故存于后，以备一家……大抵拳、棍、刀、枪、钗、钯、剑、戟、弓矢、钩镰、挨牌之类，莫不先有拳法活动身手。其拳也，为武艺之源。"

虽然拳法在真正的实战中没有什么用处，但有灵活身手的作用，为以后学习器械打下良好的基础。很多拳术的动作对于发展体能、力量、健康都有帮助。所以，拳法也是不能丢弃的。

下面介绍的多种心意功法，很多是以前都没有介绍过或没有进行过总结的，多是本人早年学拳的一些笔记，在此作一简略的介绍。其中包括心意拳多个支脉的练功方法。正如戚继光所言："若以各家拳法兼而习之，正如常山蛇阵法，击首则尾应，击尾则首应，击其身而首尾相应，此谓上下周全，无有不胜。"但所有功法必须要有六艺做身法的基础才行，不然就沦为简单的招式、局部的运动，达不到一动无有不动、一枝动百枝摇、全身整体爆发劲的发力要求。有了六艺的基础，很多功法学起来就会比较容易。

原地虎抱头、虎豹头盘练法

自然站立，用身体将手拉回到自己身体的一侧（左右侧均可练习）护头，肘心朝上，身体深蹲束身，如压缩的弹簧，同时吸气。

随后，以头领身，将双手向前扔出扑击，力达极远处，同时呼气。循环不断，可分左右势进行练习。

【说明】虎抱头、虎豹头，在心意拳、形意拳的传人中，历来都有争议，各说其道理。本人所学过的南阳派和洛阳派的说法也不一致，和很多人所说的外形上的单、双虎抱头概念也不大相同，本人所学有三种解释。很多传人都固执地认为自己的认识是唯一正确的见解。所以，本人建议各位习练者仍以各自的师传作为参考依据即可。但任何高深的理论都要有具体的实践方法，外在形式的拳架也是很重要的渡河工具，都在借假修真。

【重点提示】此练习方法，主要让学者体会以头领身的整体发劲。因为架势较低、主练束展，可以将平时锻炼不到的胯部、大腿部位得到很好的锻炼。练功后有酸痛感，属于正常生理反应，几天后就会自动消失。对于长期高架练习的学者有增强功力的作用，任何心意拳支脉都可参考练习。

【建议】应少食肉类等酸性食物，多食蔬菜水果。如需加大运动负荷，提高发力质量，可手握石锁、哑铃等重物，运用整体力进行练习。器械训练虽然容易练出绝对性力量，但如掌握不好重量的话，易形成肌肉记忆和肌肉僵硬，影响爆发速度。所以，有些门派的武术家，强调用自身练功，不建议借助器械。本人也有同感。

三个虎扑

一、怀抱顽石双推把

在练法上，各支系基本相同，因此，此势的具体练法从略。可以参考各个支系的代表性传人。有很多习练者并不知道，这其实就是虎扑劲。心意拳有很多看似不同的外形，其实是重复练习一个东西，而不是十形分家、六艺分离。六艺是身法的六合（六合只是个概略的说法），练全身的合力，而十形最终要练成一把拳才好。所以，心意拳在一个姿势中、往往会涵盖着很多的真形和内意，这需要练习者自己去体会。

本人在以前练功时就不大记外形的东西，只记劲意。看对方是否有功夫，也不是仅仅拿外形的不同来作对比，主要看是否合理。与自己外形不同就排斥为不正宗或未得到真传，其结果证明只有自己才最正宗。有的老师怕自己的徒弟跑掉，就先否定别人，于是就向徒弟们灌输武功独此一家是正宗的概念，徒弟的思想被束缚住以后，老师再有些功力，徒弟一般就不会跑到别的老师那里去了，因而，也对其他分支和流派形成了严重的排斥心理。

任何武功、任何运动都不能抛弃外形，但外形也是最容易骗人的。不看门派，只谈武艺，武艺只要看劲力是否顺畅饱满，身体是否协调，架势是否合理、合法。

一个拳派在长期的传承过程中，很难免发生一些形变。心意拳在各个门派中是最让人难以捉摸透彻的拳种，因为在形式上可谓是百花齐放，差异性极大。而门派的不同是思想、搏击理念的不同，这不太容易统一，也很难完全否定一个门派。

【劲意说明】 心意拳有意念，但是不是纯粹的依赖意念，像某些纯靠意念修炼的门类，因为意念太重会有弊端，有的还容易出现精神失常，弄成精神疾病。此把为向前上方扔出、扑打之劲。怀抱大石头的意思，就是给习练者一个假借的意象，也就是"借假修真"的意思。

习练者要以头领身，用全身整体发劲，而不是仅仅依靠手臂的局部力量。这就是如心（形）意、八卦、太极所标榜的"内家"拳类发力的不传秘诀，是六合之力。

整体爆发劲并不是所谓"内家"拳种所独有的技术特点。这也只是练功的方法，千万别想着用练功方法去打人。实战时还要坚持"怎么练就怎么用"，生搬硬套练功时的方法，那是不行的。

一位知名的形意拳前辈认为，浑身乱抖的"内家"传人，更适合于表演，实战搏击时用处并不大。真正洛阳心意拳的发劲是夯实的劲力，爆发而不乱抖，功夫好的人速度快，劲力瓷实。

习武，不用去分门别派、只看形式的区别。因为同一个拳种的传人，在形式上都是不一样的，这个问题在心意拳里是最突出的。南阳派的心意拳有发弹抖劲的，有的也不发这种劲。很多形意拳传人发劲也有弹抖的，也有不抖的，形式也不大一致。形意拳发展的时间并不算长，清末时，才由学心意拳的李洛能先生传出，普及很广泛，但各地的区别也是很大的。好的少林拳老师以及所有拳击、散打、泰拳运动员也不乱抖，但依然能看出是整体的劲力。陈式太极最喜欢弹抖，与其他的太极有较大的区别，虽然都是同一个源流。

二、鹰捉虎扑

练法：

以头领身，以身带动右腿过左腿，向前踩下落步，同时，钻拳或穿掌（手心朝上、肘心朝上）。紧接着左足过右足，左掌顺着右臂搓出（此势也就是马三元心意拳中的推头把，形意拳的劈拳或鹰捉），双手臂合力向下捉按，身催手臂，发向斜上方之挫打劲。多数流派身形成弓箭步，也有一些传人可瞬间变为弯套弯的鸡形步（动中的牮柱步）。

【劲意】可参考扎枪的动作，下捉后自然反弹，一气呵成，不是两个动作。由于传承的不同，各地心意拳传人的劲意也是很不相同的。

三、虎蹲山、虎扑双把

盘练法：

各地的形式基本相同，无太大的区别，可以随意参考各家。因此略过。重点应明白此势的劲意。

【劲意】此势练束长劲。虎蹲山是束劲，可以发展腿部力量，实战时随意站立，无一定之规，绝不是死板按照套路拳架子进行实战。这里指出，此势的虎扑双把与摇闪把之劲力是相同的，只是打出时所用手法不同。转身练习时可用虎蹲山，也可用虎摆尾。

丹田涌动盘练法

双脚尖点地（移动轻灵），以下丹田（肚脐下之小腹部位）画立圆，用寸步、过步走四面八方，手指并拢，以指尖向前戳击。

【要点】注意节奏与呼吸，以头领动全身，以身代手，以步催身，手指并拢，以指尖向前，用整体爆发劲戳击，非单纯手臂之梢节劲。心意拳初入门径，常以形引劲，再练而以劲使形，练至功深时，以心、意引劲，心意一动有感而应，全身内外俱合，出手、动足，身法神速，发力刚猛而圆，可以跳出初入门时死守规矩之练法。

【说明】此势可练习步法的快速移动能力和灵活性。心意拳与很多中国古典的拳法都有一个常见的共同点：练功时，后脚内扣，脚跟落实，不能抬起。也就是常说的不能拔根。而丹田涌动则是反传统的训练方法，类似现代擂台搏击中的步法。唯一不同的是，擂台搏击不用考虑裆部保护的问题（失误或犯规动作中也经常被击中裆部），而古典拳术考虑的面会更广泛一些，尤其要考虑掩胯护裆，照应四面的攻击。因此，古典拳术在外形上看上去比较怪异、保守、无观赏性，有时会感觉有些动作比较别扭，如果明白其内涵就会应用灵活，不受其限制了。八卦掌与南阳系心意拳有相似之处。

熊形练法与打法

一、熊形塌把

以头领身，向前走弯套弯之鸡形步，落步同时以身、步催手，单把向前下方发劲塌打。头有顶天之雄，成顺步顺势。一步一把，左右势循环练习。

【劲意】向下之劲。

【实战打法】主要击打敌人胸部，也可击打头部。见机而动，灵活掌握，无定规。

二、熊形钻把

步法与塌把相同，落步同时以身催手，握拳向上钻打。身成顺势（同手足在前即是顺势）。

【劲意】由下向上钻打之劲。类似拳击的勾拳，形意拳之钻拳劲。

【要点提示】出手时由中线口中发出，手臂有挫劲，即"出手如钢锉"。同时另一手回手由中线回拉，即"回手如钩杆"，有手不空回之意。

【实战打法】主要击打敌人头部、下颌位置，也可击打肋、腹部。

三、熊形裹把

步法与上述熊形相同，与龙身练法近似，只是劲力不同。此劲力为手臂由身体带动，向斜下方画圆，练习时用掌。与心意六合之圈枪劲力相同。两手心向下。

【实战用法】主要是化解敌人之攻势。但心意拳没有纯粹的攻击和化解，通常是化解同时进行攻击，中间不留空隙。实战时可以用掌、拳。类似现代擂台搏击之平勾或摆拳，但是有栽打之劲意，并非纯粹的勾摆拳。

【提示】可一手用包裹劲，一手钻打，裹时要用肘劲，要裹至自身中线，护住要害，减小受敌面积。

蛇　形

一、蛇拨草盘练法

起势熊出洞或自然站立。以左手左足在前为例。左足向左前侧稍动半步，同时，身体左闪，右（后）手从左手臂下向前穿出，掌心向上（这是运动过程）。紧接着，右足向右前方斜线进步，同时，前臂拧转，掌心朝下，向右侧发力斜拨、横击。此为蛇拨草右势。左势练法与右势相同，略。

二、蛇裹、蛇吐信

起势熊出洞或自然站立。以左手左足在前为例。左手由左上方向里圈（右下方向）画半圆，此为蛇裹。也可以用右手向左侧画半圆练习拗势。紧接着翻手，用五指向前方戳击，此为蛇吐信。也可握拳鞭击，称为反背拳。

【说明】蛇拨草的步法为三角步，防守进攻一气呵成。虽然有闪和进两个环节，熟练后要尽力做成一个节拍，闪中同时进击。可以手打、肘打、肩打。足打隐藏在每一势中。蛇裹、蛇吐信在盘练时，可以用进步、左右闪步、三角步、退步进行练习，以应对不同的情况。这个动作很简单，练多了自然会明白打法。此法实用性较强，可以两人对练，锻炼步法和距离感，为实战打下基础。

三、蛇裹、蛇串拳

单手划半圆（蛇裹），同时后手打出崩拳。练功时，可以用寸步、过步、退步。

【说明】一手盖压化解，另一手同时攻击，从而缩短了攻击时间。崩拳可以击打腹部和头部。也可双人对练，一人进步攻击，一人退步闪化练习防守反击，如同十二路盘捶中的第十一路猫洗脸对鹞子入林势。这是训练技击实战的好方法，从而摆脱传统武艺只能练套路而不能应用的尴尬局面。所谓方法不在多，有两个就够使。

个人总结，群战时，心不慌乱很重要，首要的是胆量。戚继光说："对敌若无胆向前，空自眼明手便。"这也说明，历史战争中的以少胜多战例和个人武艺上的实战以弱胜强，并不是不可能的事情。

摸拉袖子手

此拳势为水家和唐万义所共有的内容。古代人的袖子肥大，有挽起的部分，参见清代射箭手的服装。其练法极为简单，用一手贴着自己的另一条手臂的臂弯处摩擦向下，猛力用掌砍下。左右手练法相同，主练惊炸力。

心意六合拳之捆柴把

此拳势为水家、唐家、陈合龙系心意拳所共有的内容。两手如同握住绳子的两端，右手划立圆，如同捆扎柴草，以头领身，借机右手握拳，发力向前打出。左势与右势相同，略。

【提示和说明】练习时注意整体发劲，非局部的梢节运动。可以用寸步、过步进行练习。重点是前后撕拉、对争之劲。这是练武功的过来人，通过观察生产劳动和生活现象来阐明、解释拳理，并在拳术中体现出来而已，但并不是通过农业劳动而发明出来的什么拳种和拳术。只能说有武功基础的人，能够通过观察很多外在的现象，常会联系到自己所学习过的武功上去。更进一步讲，就是习武人能够借助外在事物而阐述一个道理，以方便于后来的学者理解而已。捆柴把在唐万义心意拳、水观澜阿訇家传心意拳、陈合龙心意拳系统中都有此势。

心意六合拳之撩袍把

此拳势为水家、唐家、陈合龙系心意拳所共有的内容。左手向左后方意欲将袍褂撩起，左足寸步向前踩出一步，成弯套弯之鸡形步。同时右拳向前打出。也可以用右手向右侧后方将袍褂撩起，右足过左足向前踩出一步，同时，左拳向前打出。

【劲意】这在古代是战术和实战用法的结合。到今天，服装已与古代区别太大，在实战中需要灵活掌握，举一反三。可以打崩拳直劲，也可以打心意之横拳之劲。此把主要是前后手的撑拔、撕拉，这才是关键点。一手后拉大概用六七成劲，另一手打拳大概用三四成劲。要体会前手打人、后手用力。大概和八极拳的某些动作近似，只是步法不同。

陈合龙心意六合拳之盘辫手

清朝男人留有辫子，以右手为例子。右手将辫子向后盘向自己的脖子，借势用掌向前方斜下砍击。左手练法与右手相同。

【说明】这在古代是实战用法。到今天，已与古代区别太大。在实战中需灵活掌握，举一反三。主要是体会劲力和古人的实战智慧，而不是生搬硬套。譬如可以用理发代替盘辫手，内涵和劲意依然与盘辫手相同。

陈合龙心意六合拳之鸡宿腿

以熊出洞起势。左腿向前跳出落步，同时胯向左拧转，身体旋转180°，右腿虚提不落地，脚尖朝上。紧接着，右腿向前跳出落步，同时胯向右拧转，身体旋转180°，左腿虚提不落地，脚尖朝上。循环练习，力尽休息，体力恢复后继续演练。

【说明】鸡宿腿又叫白鸡蹬窝。宿腿中有一缠丝腿。此势可增强腿部爆发力和身体的协调平衡能力。练到一定的熟练度时，在技击近战时可以本能地提膝、脚打。

陈合龙心意老三拳口诀

括两括三拳，垫步三拳。一踢二起，括两括三拳。垫步三拳，跳步闭水。

【说明】 老三拳又称功夫拳、三进手、基本拳、鬼拉钻、快三拳、跳步闭水。在心意中属于秘传功法。所谓秘传并不一定很复杂，也就是一般人不知道。学藏密的修行人想要得到一个小功法，不知要给传道的老师磕几万个大头才能得到，其实是很简单的小功法，主要意思就是要有从心里生起来敬畏的心，要重视，别心生不屑，轻看一切。

老三拳在形意中也是重要功法，知名度较高，但这种练法在心意拳系中从来没有人公开过。这个练功方法很简单，锻炼效果却很好。虽然不借助器械，但力量、速度、灵活、平衡、爆发力都能练到。在打法上防护得也是很严密的，中线要害部位都防护得很好。

心意、形意的老三拳就是钻、裹、践。起为钻，钻中有包裹之力，钻裹中有向前之虎践力或践窜、箭穿之劲意。既是练法，也可以用在技击上，是一种顾打合一的功法，能很好地体现心意拳的技术特点（形意拳也遵循此技击理念）。秘密其实就是一势含三拳，并不是分成三个拳势。有人不舍得说出这个窍门，就分化出来很多形式。就好比金、水、木、火、土五行拳，对应五脏、五官也很合理。但武术的重点是术。其原意是打五种元素力的特点，是在一个动作内就要体现出来五种元素劲力的特点。如，五行拳可以拆分后单独练习，但不是拆分成五个动作才叫作五行拳。

南阳系心意和形意拳有些道理是相近的，毕竟原来属于一个体系。心意拳往往在一个动作或一拳中要含着几个方向、多种的力量，而不是单一方向的力量。当作用在敌人身上时，对手不容易防住。我方则可以比较省力地击败敌方。功夫练到家时，出手又快又狠，劲力又巧妙，以前在交流普遍比较少的情况下，外人不容易明白里面的窍门，所以，用起来很容易成功。也就有了心意拳或内家拳中所说的以小搏大、以弱胜强、以柔胜刚等说法。常出现瘦弱矮小的武术家打得一些壮汉凌空飞跌、倒地不起的情况。练习的功夫越精纯，实用效果就越明显。洛阳心意拳的刘万义、金黑彦，郏县三郎庙的李祯，周口的杨祥麟，形意拳的郭云深、尚云祥、孙禄堂、王芗斋等都是极普通的外型，但均能达到超出常人的功夫而享誉武坛。

马三元系心意六合拳之推头把

其练法非常简单，一手用身劲向自己身后、体侧捋拽，另一手同时以掌发力向前方推击而出。两手可以配合步法左右交替进行练习。步法可以用鸡形步（鸡腿）向前随意走动，寸、过步均可。

【提示】要体会前手打人、后手用力的感觉。运用整体的爆发劲，而不是用手臂局部的力量。推出之手攻击的是敌方的头面部位。此势练法简单，比较实用。

吕弘扬阿訇心意六合拳功法介绍

吕阿訇很擅长心意拳的技击应用。每天早起经常练的是心意四把捶和几个单把，以及在西安学念经时曾学过的简洁实用的六路钻（拳），六路钻拳可参考《心意六合拳老七式发力与六路钻拳》一书。吕阿訇曾得到过多支心意拳传人的武功，如：水观澜-水应龙-水剑光-邓州马武舜阿訇-镇平吕鸿扬阿訇；买壮图-买学礼阿訇-马玉明阿訇–吕鸿扬阿訇；唐万仪–周德文–孙春元–丁长汉–吕鸿扬阿訇。

丁长汉是南阳地区著名的心意拳传人，南阳唐万义一脉心意六合拳传人。在南阳地区各清真寺内教拳，是老一辈心意拳师中传播比较广、教授学员较多的一位。据吕弘扬阿訇说，丁长汉还会气功，运气时胳膊能变得很粗。丁先生先后师承马五顺、孙春元、买学礼、丁兆祥学习心意六合拳，擅长实战技击，曾与南阳一位知名心意传人交过手。传人有其子丁功、海朝科、吴歔立阿訇、吕鸿扬阿訇、马振三等。很多年前，马先生在看了笔者演练的四把捶之后，在病床上起身为本人示范他所传承的唐家心意四把捶并提醒本人四把捶每个动作应该留意的地方。

一、南阳系心意十字把

左侧身站立。起势为熊出洞，也可做猴竖（束）蹲。唐万仪一脉多以此势为起势，又称猴架。左足向前寸步落下、同时右单把向前推出，然后右足过左足（过步）向前落下、同时左一把向前推出。可参考《心意六合拳十二大势发力与技击》一书中推单把的鸡腿训练。可向前盘练，也可以打左顾右盼、在两把的方位上形成十字（固定形式的练法），又可打四面八方，随意盘练，此为不定式练法。

【要点提示】步落手到，一步一把，整体用劲，久练自熟。十字把在唐万艺的心意拳系统中也是鸡腿的一种练习方法。

【技击含义】这种练习的目的在于对付多人时的群战。

二、四种鸡腿练习方法

（1）寸步推单把。对于快速发展单腿的力量和耐力有很好的作用，与形意崩拳的练习理念相近。

(2) 过步推单把。参考十字把的过步。

(3) 寸步双把。

(4) 过步双把。具体练法可参考《心意六合拳十二大势发力与技击》一书中推双把的训练方法。

【说明】具体的训练方法可参考《心意六合拳十二大势发力与技击》。在南阳系心意拳中鸡腿练法不止这几种，因为师承、地区的不同，各地的心意拳鸡腿训练都有些不同。这只是在外形上来看，基本的内涵大致接近。

三、闪展（赚）腾挪

虎蹲山，疾步践窜头拳，折身挑领，回身鹰捉。
【说明】必须要有六艺的基础。

四、心意四把捶

(1) 过步践窜横拳。(2) 折身挑领。(3) 过步鹰捉。(4) 跟右步、右手砸一捶。(5) 转身斩手，如此循环练习，力尽休息。

【说明】必须要以六艺的身法为基础，否则，就只是广播体操。可参考《心意六合拳十二大势发力与技击》一书。

心意四把捶简介

一般来说，四把捶的传播比较广泛，而四把捶只是心意拳中的一个小套路拳，仅几个动作而已。在心意南阳系中有"斗金不换四把捶"之说，可见其重要性。有很多传人学的东西其实很少，仅几个单势动作或者只会一势蝴蝶手（共九手）、或者只把四把捶作为练习的重点。这体现出练习武艺的一个道理，拳不在多，唯在于精。"艺无止境"，不少心意拳传人一生只专注于几势动作。这对于技击和养生已经足矣，而对于传承和教学，就显得内容比较少了。当今，中国的武艺形式繁多，而且鱼龙混杂，不遇明师指点，如入五里雾中。心意拳的形式较为简单，如能得遇明师指点、再经过自己刻苦长期的锻炼，比较容易成功，甚至可达到较高的艺术造诣，而实用手法的确不在于套路的繁多。

在全国各地区心（形）意拳中，都有"四把"这个小套路。南阳系的心意四把捶主要由头拳（心意横拳）、挑领、鹰捉、斩手构成。因为南阳系心意拳体系庞杂、传播广泛，在长期的承传中，由于地域及师承的不同，有很多甚至是很大的差异性。通过后面介绍的各支系的心意拳四把捶口诀就可以发现这种差异现象。

心意拳初学者和习武多年者，也对于这个问题极为迷惑。心意拳早期起始于洛阳，洛阳心意四把捶（可参考《最后的秘密功夫·洛阳心意六合拳》中的介绍），由于传播的范围极小，在洛阳的各支传人中，外形大体接近，是非常经典的小套路，技击与强身效果极好。马宏宪老说："各种洛阳心意拳的区别是在严格程度、细法上。"

在马梅虎先生之后，洛阳心意拳最有名的是东关的权天才；塔湾的刘万义、马梦乐师兄弟，外界传刘万义、马梦乐他们是师徒关系，其实他们都是马梅虎的徒弟，师兄弟两人关系很好。马宏宪老师少年时期，先跟权天才先生学东关的心意拳，后又被马梦乐的关门弟子金黑彦先生看中，继续深造学习塔湾的心意拳。孙恒斌师兄也是先学的东关心意拳（跟自己的爷爷学）。后来又跟马宏宪老师深造，学习金黑彦先生所传的心意拳。金黑彦所传心意拳架紧凑、最为严谨，是洛阳心意拳的代表。洛阳《回族志》上说："洛阳心意拳能够正确地传承下来，金黑彦起到了决定性作用。"

抛去技击实战不谈，四把捶的健身效果极好。有人曾做过统计调查，练习心（形）意拳的传人普遍长寿，排在首位的是洛阳心意拳第三代传人马梅虎先生。也有人指出，其中公布的吕紫剑和吴图南的年龄和实际年龄之间有很大的差异，具体情况本人没有调查过，也不感兴趣，只是走马观花，一听一看一笑而过。因为寿命的问题牵扯到很多方面，不能片面地分析。

很多人说，心意拳注重实战，简洁明了，只有一个短小精悍的四把捶套路。事实是否如此呢？心意拳由洛阳马学礼宗师公开后，下传洛阳马兴、马三元两位先生以及南阳张志诚阿訇。南阳系心意拳中除四把捶外还有六合崩劲（套路）、"三枪四把"等多个套路。洛阳心意拳，除了有四把捶（有多种练功方法）之外，还有不少大小的套路组合。马三元后迁至繁城，此系所流传的心意拳四把捶有三十二势之多。看来，心意拳原来的套路也是很多的，并不像传说的心意拳只有四把捶这一个套路。

南阳系各地区的"四把捶"歌诀很多，这是口传时间久了发生的一些变化，其中也有后代传人根据自己的练功体会又总结出的一些歌诀，有便于记忆和启发后学的作用，参考一下也会受到一些启发，这对于开阔眼界有所帮助。由于师承不同，各地区的四把捶在形式的编排上区别还是有的，这在历史的发展演变中或各个拳种里也是常见的现象。而相同之处、就是各地的心意拳都基本保留了歌诀中所说的四个主要把位，即横拳（头拳）、挑领、鹰捉、斩手，这也是南阳系心意拳所有的分支流派相同之处。南阳系心意四把捶与洛阳的四把捶名称姿势略有不同，但仍然可以看出与洛阳心意拳的血脉关系也是非常明显的。形意拳也由戴家的心意拳继承了南阳体系中的四把捶，被形意传人命名为鸡形四把。

心意四把捶歌诀赏析

歌诀一： 鸡形提步向前上，挑领悬脚世无双。鹰捉玉兔在山下,斩手打入虎惊慌。白猿返身见孙膑,挑领悬脚睾目伤。鹰捉虎蹬人难御,斩手封目更难防。

歌诀二:鸡形秀腿往前行,回身挑领断桥梁。鹰捉玉兔在山下,起步斩手染黄沙。

歌诀三:虎跃鹰击人难防,鹞子入林把敌伤。按绝趸打用心意,望眉捶斩虎惊慌。神龙多变腾云势,拧身束长四梢齐。

歌诀四:龙腾虎跃鹰扑击,鹞子入林分高低。按决真传有趸力,望眉捶斩似电击。定步滚身云飞去,拧身束长命归西。

歌诀五:出手横拳人难防,回身挑领断桥梁。鹰捉虎扑足下抛,前后斩手妙无穷。

歌诀六:出手横拳无敌家,转身挑领甚可夸。望眉斩加反背,鹰捉四平足下存。

歌诀七:出手横拳无敌家,转身挑领甚可夸。鹞子入林加反背,抬手入林染黄沙。

歌诀八:出手横拳势难挡,转(折)身挑领断桥梁。鹰捉玉兔在山下,起(腾)身斩手染黄沙。

歌诀九:起手横拳实难招,展开四平前后梢。望眉斩加反背,如虎搜山斩手炮。鸡打架虎扑羊,剪子股,十字擒拿。

歌诀十:出手横捶势难招,展开中平前后梢。转身挑领阴阳势,鹰捉四平足下抛。

歌诀十一:起手横拳实难招,展开中平前后梢。望眉斩加反背,如虎搜山斩手炮。车形风响斩手炮,鹰捉四平足下存。

歌诀十二:起手横拳实难招,展开中平前后梢。望眉斩加反背,如虎搜山裹边炮。车形似风斩手炮,领手斩拳其势勇。

歌诀十三:捶打如撕无敌家,折身挑领身起法(发)。鹰捉捞绳决断劲,抬手如轮斩(染)黄沙。

歌诀十四:捶打如撕无敌家,折身挑领身解法(发)。鹰捉玉兔在山下,起步斩手染黄沙。

歌诀十五：起手钻丝无敌家，折身调气背家发。鹰捉老手解（决）断劲，抬手入林斩（染）黄沙。

歌诀十六：起手钻拳无敌家，折身挑领阴阳法。鹰爪捞绳截断劲，抬手入林染黄沙。

歌诀十七：面笑目喜手提衫，鹰熊立式脚站单。疾步三蹿风摆柳，鸿雁穿心如刺搂。急转伏身缩如蛋，长身挑领鬼神寒。鹰捉虎扑齐下按，左右翻滚裹相连。望眉斩手如劈柳，急收抖出狮摇头。翻身低出如放箭，左右开弓虎蹲山。勤练疾速气为主，强身制敌乐万年。

歌诀十八：出手横拳无敌家，折身挑领身解法。鹰捉捞绳绝断劲，前后斩手身可杀。

歌诀十九：起手横拳人难防，回身挑领断桥梁。鹰捉拉绳决断劲，抬手入林染黄沙。

歌诀二十：起手钻拳无敌家，回身挑领甚可夸。鹰捉拉绳决断劲，抬手入林染黄沙。

歌诀二十一：举横拳无敌家，折挑领身起发。鹰捞绳决断劲，虎扑鹰斩噫声。

歌诀二十二：起手钻撕无敌家，折身挑领身解发。鹰捉拉绳决断劲，抬手如轮斩黄沙。

歌诀二十三：出手横拳无敌家，折身挑领身解法。鹰捉捞绳决断劲，掤手如轮前后斩。护寺四把圆无穷，蝴蝶九手圈中藏。六艺身法枪拳源，心意千年圈不变。有人解开四把拳，行走天下不离圆。圆中参透六合源，打遍天下是真拳。

歌诀二十四：起手钻拳无敌家，折挑领身起发。鹰捉捞绳决（绝）断劲，车轮斩手染黄沙。

歌诀二十五：出手火焰钻心势，回身挑领世无双。左右鹰捉中平势，过步斩手势难招。

歌诀二十六：面笑目喜手提衫，鹰熊立势脚站单。疾步三蹿风摆柳，鸿雁穿心如刺搂。急转伏身缩如蛋，长身挑领鬼神寒。鹰捉虎扑齐（膝）下按，左右翻滚裹相连。望眉斩手如劈柳，急收抖出狮摇头。翻身低出如放箭，左右开弓虎蹲山。勤练疾速气为主，强身制敌乐万年。

歌诀二十七： 面笑眉喜手提衫，英雄立势脚站单。疾步三穿风摆柳，鸿雁穿心右似搂。急转伏身缩如蛋，长身挑领鬼神寒。鹰捉虎扑齐（膝）下按，左右翻滚裹相连。望眉斩手如劈柳，急收抖出狮摇头。伏身低出如放箭，左右开弓虎蹬山。勤练急速气为主，强身制敌乐万年。

歌诀二十八： 面笑眉喜手提衫，英雄立式脚站端。鸡步三践风摆柳，鸿燕穿心左刺含。急伏身转秀如蛋，长身挑领鬼神寒。鹰捉虎扑膝下按，左右翻身裹相连。望眉斩手如劈柳，抖出急回狮摇头。低身伏出龙现爪，左右翻身虎蹬球。勤练疾速气为主，强身制敌乐万年。

歌诀二十九： 出手横拳无敌家，回身挑领甚可夸。鹞子入林加反背，四把鹰捉染黄沙。

结 语

心为本　意为功

在中国的历史上，有不少名臣巨子、豪杰义士及儒释道的高人，均精通武艺，也有着很多习武强身的名人故事。

以前的官宦家庭或有社会名望的富足家庭，多注重子女的教育问题，往往会文武并重，互不偏废。

南阳水氏家族与亲戚武状元马殿甲兄弟几人属于清代的职业武术家（官方武艺与民间武艺的结合），山西戴氏家族属于商贾家庭经营镖局、旅店业，他们均有着高于普通民众的学习诉求和经济实力，才能聘请到如李祯、刘万义、唐大用等武学巨擘来家中传授武功。

学习武艺不仅需要毅力，更需要具备一定的闲暇时间和物质基础，富裕之家因具备物质条件，舍得付出，所以更容易请到当时的名师来家中指导，能集中时间快速获得成功。如水应龙先生"虽不能拔山抗鼎，然于马弓能以院首进武庠生，府试宛郡，五百斤之石鼓举不声色，应科省垣三百斤之硬弓折为两段。技击之刀枪拳棒，纵不能捷如轻猿，迅若飞隼，与侪相较未尝落后"。而三餐困难，整天忙于生计，就很难保证练功的时间，习武成功的概率也会低很多。这就是职业拳手的水平多数要高于业余拳手的原因。量的积累才可能达到质的飞跃，所以才称为功夫。至于实际应用，戚继光说："既得艺，必试敌，切不可以胜负为愧为奇，当思何以胜之，何以败之，勉而久试。怯敌还是艺浅，善战必定艺精。古云艺高人胆大，信不诬矣。"

  武术到了火器昌盛的时代就已经变得可有可无，技艺的流失也是难以避免的。因为武功已经不再像以前那么重要了。擂台比赛大家看的已经太多，比赛本身就属于娱乐，但对武者身体的耗损也是很大的，拳手成名后大多都不愿再打比赛。而现代不少人之所以练习武功，有些是受到了影视小说的鼓动；也有很多人的目的是健身、防身、文化探索等，目的各不相同。但是，大多数人不会以损失自己的健康为代价参与擂台搏击，年龄大了注重养生的人就更不适宜。虽然历史上曾有过年近古稀还能登台打擂的心意拳传人。但自然规律很难打破，黄忠不服老是不行的。

  当今社会，习武的目的已经发生了重大改变，健身、娱乐已经是最常见的表现形式和目的，有些传统武术人张口闭口谈实战，既没有打斗经历又没有擂台搏击的经验，多沦为纸上谈兵。形意前辈李存义先生说过，习武应敌时，要先问自己合不合道理、规矩，问自己处应占七成，对敌只占三成。而这种认识，普遍适应于大多数的中国传统拳术。

  现代的娱乐项目非常丰富，跑步可以健身、跳舞也可以，跆拳道等国外武技有完善的培训考级制度，有鲜明的服饰和各种花样吸引孩子，比较容易让家长看到成绩。而传统武艺大多训练周期较长，在短时间内难见成效。像洛阳心意拳运动量很大，主要传人都是闭门自练不见天日，也不参加比赛表演等公开活动。有些武术爱好者人出于好奇拜师学习，但时间久了则觉枯燥乏味，兴趣全无，逐渐自我放弃，半途而废。

  在当代，很多大众的运动项目都已趋向于娱乐健身，花样繁多。这都是各取所需，各有爱好，是无可厚非的。环境如此，时代使然，无需感叹。面对各种娱乐项目的冲击，仍有一些人愿意付出精力继承发扬华夏优秀的武术文化，很多人可能并不知道。在军警和体育界，不少有名的教练员就有着扎实的传统武术底子。这些传统的经验在军警格斗、实用防身及擂台搏击中能打得比较省力，比较巧妙，与纯粹的现代打法确实有很多的区别。至今仍有一些职业军人、运动员、保镖等各界人士，还在不断地向传统武术的明白人请教学习。这说明，有的人能够在传统武术的"沙漠"和"废墟"中发现有价值的东西用以提高自身，而有的人则不具备这种发现的眼光和能力，有时也会对中国传统文化表现出一副不屑一顾的样子。所谓："上士闻道勤而行之；中士闻道若即若离；下士闻道大笑之，不笑不足以为道。"

练习传统武艺的初学者，大多数不具备甄别的能力，确实存在浪费时间、浪费钱财的现象。因为，传统武术历来都是糟粕与精华是同在的，很少有不走些弯路的，而且各个老师的水平都有高低之分，好老师毕竟是少数，所谓"有状元徒弟，没有状元老师"。有人说过："弯路也是路！"应该先进入一门，一门深入做到精通，之后再求知识广博。不然东一头、西一头，是很难真正深入进去的。

武林中有"拳假功夫真"一说。你即使得到真传，功夫练不到火候还是不行的。一位心意前辈曾说过："外传敢向内传争。"这也让人联想到，有的正宗传人确实自己有真功夫，但教授不出人才，这就是一个很严重的问题。真传还在默默无闻，虚假的东西反而广受欢迎、传播很广，或已成燎原之势，有的甚至还变身成了国家级非物质文化遗产。很多经典并不是优胜劣汰才导致失传的，除了诸多外部原因之外，传统武术的教学方法和个人思想都对传承有着很大的影响。

古人在治学做学问方面具有决死之心，很值得后人学习。要想在一项技能上有所成就，除了寻找明师指点，求师父领进门，教给你正确的学习方法之外，更重要的还是取决于你自己努力的程度和决心。有位古人为了求学，曾写过一首诗，以表明自己求学的决心："男儿立志出乡关，学不成名死不还。埋骨何须桑梓地，人生无处不青山。"

世间的一切学问，只要功夫下到一定程度，几乎没有不成功的。不论资质如何，都会有所收获。大众认为练武术要从小学起，事实并非如此。一位曲艺界前辈说："学唱戏需要童子功，但只能在舞台表演，真打肯定是不行的（戏曲界的名角，很多都有过向知名武林人士学习的经历）。而练武功的不需要童子功。"

学习实用武功，尤其是形式简单的心（形）意类，是不限年龄、学历的，成年人更有体能，更容易心领神会，老师在教授时也比较省心。慧能法师不识一字，但却能够明心见性，成佛成祖，教授的成名弟子很多。在不少中国的武术门派里，都有近乎文盲的大老粗是武功高手，如太极、八极、形意、心意、八卦等武术流派中，就有不少大老粗的武学宗师。马宏宪老师说："洛阳心意基本都是大老粗。要想学蹦搥，惜力的人不行，没有决心不行。"所以，只要有体力、有决心，能吃苦下功夫的就会有收获。尚云祥先生身体矮小、有什么文化？是精于技击的一代武学明家！李洛能先生，原名老农，并没有太高的文化（有人说李先生目不识丁），近40岁时始学习心意拳，在武林是影响巨大的一代宗师，培养出的弟子后来也都成了一方明师。后来的孙禄堂先生，年龄已经很大，婚后始学形意拳，后来在武林的影响也很大。据说，在国术馆教授武艺时，薪俸比大学教授还高。买壮图先生也是在婚后才学习心意拳的，艺成之后，也是名扬武林的一代武学宗师。以实战技击享誉武林、上海一支的心意拳开派大师卢嵩高先生，就是买先生的再传弟子。杨祥麟先生也是此支著名的传人。洛阳心意拳第四代传人刘万义是个貌不惊人的瘦子。李祯先生看上去也是个平常无奇的瘦老头。洛阳心意拳第五代传人夏志诚先生则是个胖子，抗战时期军队做过武术教官，金黑彦赞叹他："那么胖的人身法居然如此灵活！"金先生是夏先生的师弟。马宏宪老师说："金师长的稀瘦，像个病秧子，手指头比女人的还要细。"他不仅身法快，而且功力雄厚，以精技击享誉中州。

  武艺的传授者历来在选择人才上遵循着如谱论中所说的："忠心孝子可教、仁义信实可教、不染是非可教。忤逆之子不可教、酗酒狂徒不可教、没有信行不可教。"现在社会变化很大，师徒之间很多已是利益的捆绑，也越来越缺乏真正的师道精神。而古代的教育是自律性的，靠道德自己来约束，如心意门的水应龙先生。

  古人说："人无信不立"。古今中外、各行业的人士想要立足社会，"信"是一项重要的品质。在寻师访友的过程中尤其重要。而到了现在，武术已趋于健身和商业娱乐性质，师徒也成了利益捆绑下的生意人。

  由于大众已经见多了各类"大师"的表演套路，很多的武术门派早已经失去了神秘，名声也越来越坏。不大可能再像以前那样，仅凭借编造各种神秘的传说故事，或在电视上的作秀表演来吸引学者。在媒体上表演一些不切实际的假把戏，娱乐大众，只会自取其辱，或被揭露，或被打下"神坛"。打破神秘，揭露骗局并不是一件坏事。因为现在的武术界确实乱象横生，名声很不好。习武人自己要明白优点在哪里、不足在哪里，自己究竟是干嘛的，而某些被夸大的武术绝不是万能的。

  中华文化一直是随着政治局势而起伏的。中国的各种传统文化在经过漫长的发展过程，本身确实存在很多问题。譬如，宋代的儒家已经不是之前的儒家，尤其是对于儒家经典的解释，与孔子时期的儒家已经明显不同，对于经典的解读和原始意义的儒家，有很大的割裂感，缺少活泼，教理很难服众。而现代的所谓传统武术也已经不是之前的面貌了，自明末清初时已经提出了"益寿延年不老春"的导引健身概念，技击性已不是武术的唯一属性，并且门派林立，鱼龙混杂，训练效率低下。但将其全面打倒、整个否定是不正确的，毕竟有可取之处，还有很多精华部分未被挖掘。全部否定、一棍子打倒原始的儒、道、佛家，以及中国经典武学文化和中医文化更是错误的。

中国自古的战争也有很多，军队的训练是最忌讳花架子的，民间武术很多是由军队中的武术高手传下来的，沦落到现在不堪的局面已是不争的事实，狡辩是没有用的。但现代的所谓传统武术，早已不是原来的面目了，技击水准的下降也是必然的，因为社会环境不同，其作用也是不同的。和平年代的练武人大多数为了健康、娱乐、商业运作，怎么会有前人那种习武的战斗意识和心态？况且，传统武术最大的问题是每一代都保守着一些所谓的训练秘密，随着老一辈拳师的离去，就真的成了秘密。再加上多为业余练习，时间久了就像人们所看到的：一代不如一代，徒弟不如师父。师父给你递递手那要多大的面子！传统武术多是如此，有了种种的问题，培养出真正的人才确实很难。

武术与中医的境况真的有些相似之处。打倒中医的口号也被一些人喊了很久。在几十年前，我们的家乡还是有不少中医的，也有中医医院，进了中医院，病人多数是要服用中药的。过了十几年后，我们发现，中医院的生意明显不如隔壁的西医院了。普通民众认为西医见效快。又过了二十几年，中医院的治疗已经和西医没有什么区别了，进去后也是化验血、拍摄X光片了。已闻不到那浓浓的草药味，医院里都是挂着吊瓶输液的病人。作者本人也曾领教过中医院有些医生（中医院已经不见中医治疗、实行的是西医的治疗）低劣的医学水平。我们很多人是亲眼看到了中医的衰落。但是，很难因为一时、一地的衰落就否定掉所有中医药几千年来起到的作用和效果。只因为庸医的医疗事故，就去否定全部的中医也是很片面的。母亲的腿疼病，曾经用乡村中医贴膏药贴好。岳母的腰痛病症则是被西医西药缓解的。著名医学大师黄元御，在年轻时也差点被家乡的庸医害死，最后还被治瞎了一只眼睛，脾胃功能遭到严重的破坏，终身受其累。也就是这样的遭遇，才致使一个少年努力研究中国医学，终成一代名医，乾隆皇帝亲书"妙悟岐黄"称赞其医术。

心意拳也有医术，但没有在拳门内传承，而是形成了另一个医学系统。心意拳第六代传人马宏宪老师曾对本人说过，他亲眼见过真正的中医传承人与现代西医技术的对比。马老师认为，真正的中医传人，其高超的技艺，在某些方面是超过大医院的西医学家的。而有些西医诊所喜欢用激素类的药物，一般的病情很快就被抑制住，病人自然觉得疗效明显。但有位苗条的女子，为治疗疾病而服用西药，在不长的时间，就变成了气鼓鼓的小胖子。其实对于某些疾病，中医的点穴、针灸、刺血等手段比西医的打针吃药疗效还要快很多，可以做到立竿见影的效果。本人就见过马雷石老师用刺血疗法为病人医病，确实立竿见影。水应龙先生《自述书》中曰："既从事斯，岂可甘任庸流，窃居虚名，以刀圭做饮对之饵，以人命为儿戏之具。所遇之奇症百端，所起之沉疴无数，用意虽在书理之中，用方却出古人之外。审病相聚精会神，绝不稍为玩忽。用汤则斟酌损益，务期大见效功。"水应龙先生不仅文武医造诣很高，在志向、品德上也令人敬佩之至。但无论如何，现在再去鼓吹中医和中国武术有多神奇、多伟大，有时已很难再激起普通大众的信心了。因为技艺的流失，人才的缺乏，导致大众很难接触到真正的行家里手。

儒、道、释及学习武功都很强调心（不是心脏）的作用。没有心神意识的肉体就是一具没有生命的、空的躯壳。洛阳心意拳谱云："心为本身、意为功，一身之意（艺）盖为综。"修身的首要在修"心"，养身的首要在养"心"。拳谚云："以心为主，统乎五行，运乎二气。时时操演思悟，勿误朝夕，始而勉强，久而自然。"所谓师父领进门，修行在个人。无论任何艺术，要达到一定的水准，都需要付出大量的练习时间，才能达到："速如星火超众技，紧若风雨冠群英。义勇无敌人称羡，豪杰到处有芳名。""诚哉是言，岂虚语哉！拳术之道，终于此而已矣！"

戊戌仲夏闫无为记于阳城